EXERCÍCIOS ESPIRITUAIS

Copyright © 2022 por Maquinaria Sankto Editora e Distribuidora LTDA.

Todos os direitos desta publicação reservados à Maquinaria Sankto Editora e Distribuidora LTDA. Este livro segue o Novo Acordo Ortográfico de 1990.

É vedada a reprodução total ou parcial desta obra sem a prévia autorização, salvo como referência de pesquisa ou citação acompanhada da respectiva indicação. A violação dos direitos autorais é crime estabelecido na Lei n.9.610/98 e punido pelo artigo 194 do Código Penal.

Diretora-executiva
Renata Sturm

Diretor Financeiro
Guther Faggion

Diretor Comercial
Nilson Roberto da Silva

Administração
Alberto Balbino

Editora
Gabriela Castro

Assistente Editorial
Vanessa Nagayoshi

Edição
Jean Alves Xavier

Tradução
Vera Amatti, Ana Maria Menezes

Direção de Arte
Rafael Bersi, Matheus Costa

Marketing e Comunicação
Matheus da Costa, Bianca Oliveira

DADOS INTERNACIONAIS DE CATALOGAÇÃO NA PUBLICAÇÃO (CIP)
Angélica Ilacqua – CRB-8/7057

Inácio, de Loyola, Santo, 1491-1556
    Exercícios espirituais / Santo Inácio de Loyola.
São Paulo: Maquinaria Sankto Editora e Distribuidora LTDA, 2022.
240p.

ISBN 978-65-88370-69-8

1. Vida espiritual 2. Exercícios espirituais

22-3130   CDD 242

ÍNDICES PARA CATÁLOGO SISTEMÁTICO:
1. Exercícios espirituais

Rua Pedro de Toledo, 129 - Sala 104
Vila Clementino – São Paulo – SP, CEP: 04039-030
www.mqnr.com.br/dg

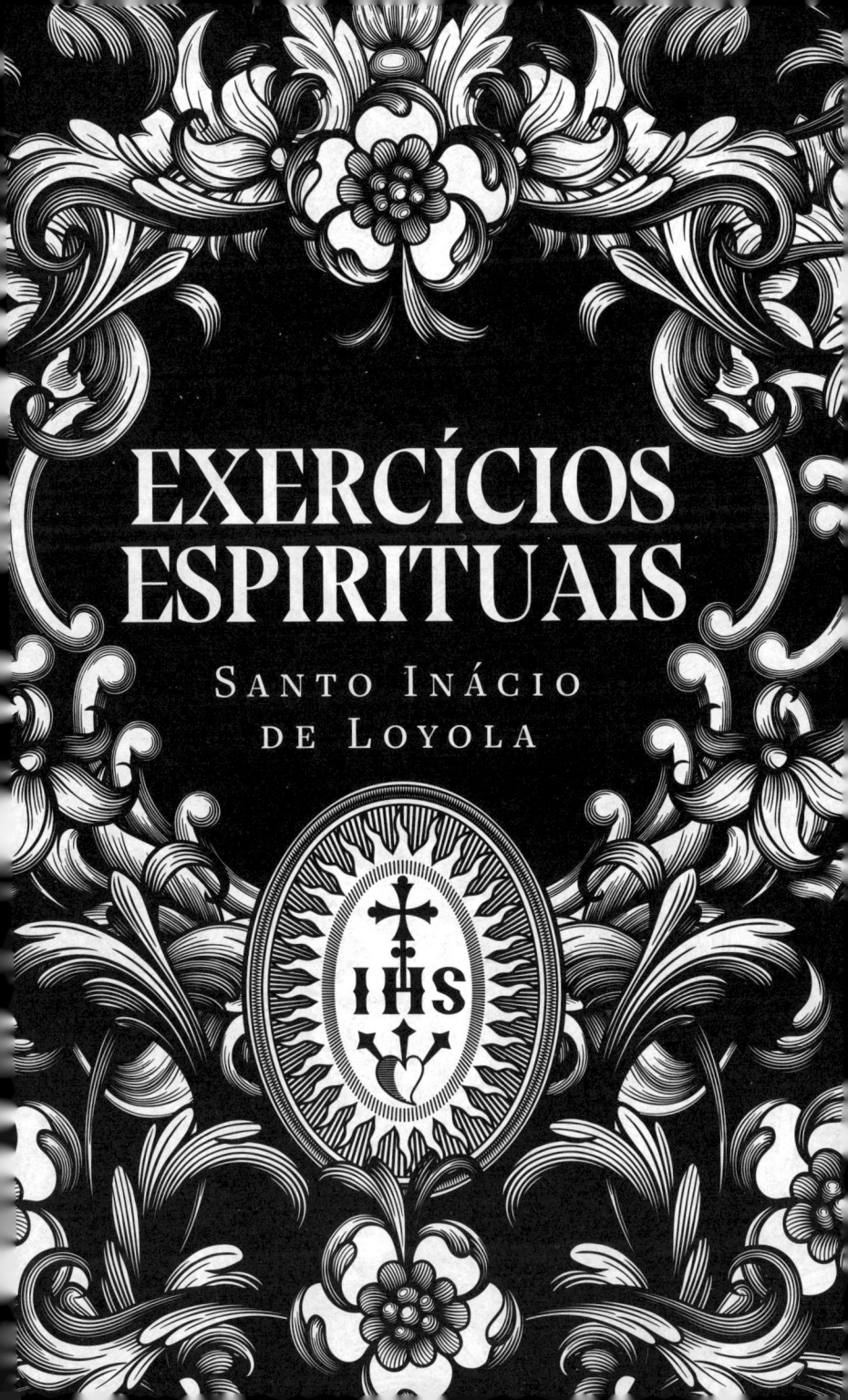

SUMÁRIO

APRESENTAÇÃO
- 9   Por que praticar os exercícios espirituais?
- 15   Oração de Santo Inácio de Loyola

PARTE I
- 19   Anotações para orientação

PARTE II
- 37   Pressuposto
- 39   Primeira semana
- 73   Segunda semana
- 113   Terceira semana
- 129   Quarta semana

PARTE III
- 149   Mistérios da vida de Cristo Nosso Senhor

PARTE IV
- 191   Regras

APÊNDICES
- 221   Orações
- 229   Mandamentos, pecados e virtudes
- 235   Obras de Misericórdia, dons do Espírito Santo e Faculdades da Alma

POR QUE PRATICAR OS EXERCÍCIOS ESPIRITUAIS?

Quando, em 1522, Santo Inácio de Loyola escreveu estes exercícios espirituais, em Manresa, norte da Espanha, certamente os fez para facilitar os exames de consciência que deveriam sobrevir a este retiro de 30 a 40 dias, afortunadamente aproveitando o período quaresmal. Logo em seu início, ele apresenta a definição de exercício espiritual como "forma de meditar, contemplar, examinar a consciência, orar vocal e mentalmente, além de outras operações espirituais". Essa abertura, entretanto, guarda uma surpresa para quem não é afeito a regras e vê na explicação uma mera desculpa para considerar qualquer recorrência espiritual como exercício.

Soldado e estrategista antes de sua conversão, Inácio levou esse caráter que respeita hierarquia e organização para toda a sua vida pós-conversão, e logo os exercícios se tornaram a principal influência para todos os membros da Companhia de Jesus, pois não há sermão de padre Vieira, poema de Santo Anchieta, ação administrativa de padre Manoel da Nóbrega, evangelização de São Francisco Xavier ou qualquer iniciativa dos tantos padres jesuítas de antes e de agora que não sejam inspirados por esses exercícios.

Obra essencial para o desenvolvimento da inteligência espiritual, ela tem mudado a vida de todos os praticantes ao longo dos últimos 500 anos. Para comemorar a data, foi pensada uma edição que proporcionasse a todos os leitores a oportunidade de conhecer a fundo uma metodologia que transcende a oração e eleva o ato de rezar a uma profunda experiência de conhecer-se e a determinar-se a algo além de si mesmo. Não por acaso, padre Paulo Ricardo, em um dos seus artigos, qualifica os exercícios como "desentortadores de vidas", pois, além de estimularem o exame de consciência diário, eles criam essa consciência por meio do discernimento, do olhar para dentro e do silêncio interior.

Inicialmente copiado à mão e distribuído a todos os religiosos e leigos de todos os continentes — afinal, um dos carismas da Companhia de Jesus é a missão de evangelizar —, as páginas foram divulgadas com esforço e persuasão. É importante lembrar que Santo Inácio viveu em um mundo centrado em Deus, em que a Justiça tinha o mesmo peso que a Misericórdia; em um contexto histórico em que a autoindulgência era inconcebível; e quando o sentido da existência humana não se limitava à felicidade nem ao bem-estar, mas na busca constante da santidade.

Diferentemente das meditações orientais, os exercícios espirituais apresentam uma metodologia em que se discutem internamente questões diversas, típicas da verticalidade do pensamento ocidental, em que se interpõem as contradições entre o dever, a culpa, o juízo, a responsabilidade, o amor e tantas outras categorias, reduzidas a apenas duas: a desolação e a consolação. Apesar de não ter conhecido a contemporaneidade, Inácio depurou a filosofia medieval para sua entrada triunfal na Idade Moderna.

Considero-o sobretudo o Santo da Boa Leitura, pois sua conversão, que resultou na edificação de toda a sua obra — incluindo a fundação da Companhia de Jesus, a mais influente ordem da Igreja, berço de formação do Papa Francisco — foi fruto da leitura de apenas dois livros, interpretados de forma consequente: um relato sobre a vida dos Santos e *A imitação de Cristo*, de Tomás de Kempis, o livro católico mais editado depois da Bíblia. Foi essa objetividade que gerou a simplicidade tanto de sua escrita como do sistema de oração que ele propõe, respeitadas as individualidades dos praticantes, pois alguns podem ter alguma dificuldade, sobretudo na primeira semana.

O presente livro, portanto, marca os 500 anos da publicação dos exercícios espirituais e é também o legado que todos os colaboradores desta edição deixam para as gerações futuras. Desde a tradução do castelhano com cotejo das edições portuguesa e brasileira até a própria concepção do projeto e tratamento da linguagem para os dias atuais, este trabalho visa tornar permanente e recorrente a experiência da prática dos exercícios.

Que possamos todos os dias fazer da prática dos exercícios espirituais um caminho para seguir Santo Inácio no lema que ele mesmo criou para si e seus companheiros de Ordem: *Ad Majorem Dei Gloriam*, ou seja, tudo para a maior Glória de Deus.

VERA HELENA PANCOTTE AMATTI
Professora de português e jornalista. Em 2007, no processo de pesquisa para seu mestrado em Literatura Portuguesa pela FFLCH-USP, cujo tema era a obra do jesuíta padre Antônio Vieira, começou, como ele, a praticar os exercícios espirituais, primeiro de forma independente, depois em retiros e cursos na casa de oração do Centro Inaciano de Vila Kostka, em Itupeva, São Paulo. Escreveu diversos artigos sobre Santo Inácio de Loyola, Padre Vieira, Santo Anchieta e outros jesuítas que se inspiraram na prática dos exercícios espirituais e no aperfeiçoamento da oração.

ORAÇÃO DE SANTO INÁCIO DE LOYOLA

Tomai, Senhor, e recebei toda minha liberdade.
A minha memória também.
O meu entendimento e toda a minha vontade.
Tudo que eu tenho e possuo, vós me destes com amor.
Todos os dons que me destes, com gratidão vos devolvo.
Disponde deles, Senhor, segundo a vossa vontade.
Dai-me somente o vosso amor, vossa graça, isso me basta.
Nada mais quero pedir.
Amém!

PARTE I

ANOTAÇÕES PARA ORIENTAÇÃO

As anotações a seguir são destinadas tanto aos que vão ensinar como os que vão aprender a praticar os exercícios espirituais.

Entende-se por exercícios espirituais todo o modo de examinar a consciência, meditar, contemplar, orar vocal ou mentalmente, entre outras atividades espirituais, como falaremos adiante. Porque, assim como passear, caminhar e correr são exercícios que desenvolvem nosso físico, os exercícios espirituais prepararam a alma para afastar todas as paixões desordenadas e buscar a vontade de Deus para uma boa saúde espiritual.

2   A pessoa que propõe ao outro o tema e o método para meditar ou contemplar deve narrar fielmente a história, fazendo uma explanação breve e objetiva, pois aquele que faz a reflexão, tendo conhecimento verdadeiro da história narrada, colhe mais fruto espiritual ao entender por si mesmo, seja pelo próprio raciocínio, seja porque seu entendimento é iluminado pela força divina. **Pois não é o muito saber que sacia e satisfaz a alma, mas o sentir e saborear as coisas internamente.**

 3   Nos exercícios espirituais que veremos a seguir, usamos de todos os atos da Razão quando discorremos e da Vontade quando despertamos os sentimentos. É importante notar que, nos atos da Vontade, quando falamos vocal ou mentalmente com Deus Nosso Senhor, ou com seus santos, é necessário reverência maior do que quando usamos da Razão para entender qualquer outra matéria.

 4   Os exercícios são divididos em quatro partes, que correspondem a quatro semanas:

Primeira
Reflexão sobre nossos pecados.

Segunda

Contemplação da vida de Cristo Nosso Senhor até o dia de Ramos.

Terceira

Contemplação sobre a Paixão de Cristo.

Quarta

Contemplação sobre a Ressurreição e Ascensão, com os três modos de orar.

Cada semana, porém, não precisa ser cumprida necessariamente em sete ou oito dias, porque alguns podem demorar mais a encontrar o que buscam: arrependimento, dor, lágrimas por seus pecados. Do mesmo modo, outros são mais rápidos e mais agitados, e podem realizá-los em menos de uma semana, fazendo o mesmo para todas as outras semanas seguintes, buscando as coisas segundo a matéria proposta. Mas os exercícios se completam, em média, em trinta dias.

Tira muito mais proveito dos exercícios espirituais quem se dispõe a praticá-los com grande ânimo e sinceridade para com seu Criador e Senhor, oferecendo-lhe todo seu

5

querer e sua liberdade, para que o Senhor sirva-se de sua pessoa e de tudo o que possui conforme a Sua Santíssima vontade.

 6 Quando aquele que ministra os exercícios sentir que não vêm à alma do praticante algumas moções espirituais, como a consolação ou a desolação, nem estiver agitado por vários espíritos, deve questionar com cuidado os exercícios, verificar se os está fazendo nos tempos determinado e como os tem feito, e também sobre as adições, se as faz com bom ritmo, pedindo particularmente cada uma dessas coisas. Fala-se de consolação e desolação nos números 316-324, e das adições em 73-90 deste texto.

 7 Se o ministrante perceber que o praticante dos exercícios está desolado e tentado, não deve se mostrar duro e severo, mas bondoso e suave, dando-lhe ânimo e forças para prosseguir, revelando a ele as astúcias do inimigo da natureza humana e preparando-o para a consolação que virá.

 8 Quem ensina os exercícios poderá explicar as regras da primeira e da segunda semanas acerca das desolações e das astúcias do inimigo, bem como das consolações, segundo a necessidade de quem os recebe (313-327 e 328-336).

Observamos que, se o praticante está na primeira semana **9**
e é uma pessoa pouco versada nas coisas espirituais, e se for tentado grosseira e abertamente, colocando obstáculos para seguir adiante no serviço de Deus Nosso Senhor — dando como justificativa o trabalho, a vergonha ou o medo de ser ridicularizado —, aquele que dá os exercícios não deve explicar as regras dos vários espíritos da segunda semana, pois mesmo que a informação o beneficie na primeira semana, seria prejudicial à segunda, por ser matéria mais sutil e elevada para ser compreendida naquele momento.

Quando quem aplica os exercícios sente que o que recebe **10**
é combatido e tentado sob aparência de bem, então é conveniente explicar-lhe sobre as regras da segunda semana já referidas, porque é comum o inimigo de natureza humana tentar mais sob a aparência de bem quando a pessoa se exercita em uma vida **iluminativa**, que corresponde aos exercícios da segunda semana, e não tanto na vida **purgativa**, que corresponde aos exercícios da primeira semana.

Quem recebe os exercícios na primeira semana não pre- **11**
cisa saber o que acontecerá na segunda, pois assim tira melhor proveito da experiência. É melhor trabalhar com

mais esforço na primeira semana para alcançar aquilo que se busca, que não esperar encontrar nenhuma coisa boa na segunda semana.

 12 Quem aplica os exercícios deve avisar ao praticante que, para cada um dos cinco exercícios ou reflexões que se farão a cada dia, o tempo de duração será de uma hora. Assim, procure sempre satisfazer o espírito em pensar que ficou uma hora inteira no exercício, e antes mais do que menos, pois o inimigo sempre procura tentar encurtar a hora de reflexão, meditação ou oração.

 13 É importante observar também que, se no tempo de consolação é fácil e leve meditar durante uma hora inteira, no tempo da desolação, ao contrário, é muito difícil cumpri-la. Portanto, aquele que faz os exercícios, para agir contra a desolação e vencer as tentações, deve sempre ficar um pouco mais de tempo além da hora proposta, pois não somente se habitua a resistir ao inimigo, como a derrotá-lo com sua persistência.

 **14** Se aquele que propõe os exercícios vê que quem o pratica anda consolado e com muito fervor, deve preveni-lo para que não faça promessas ou votos impensados e

precipitados. Quanto mais cedo reconhecer nele um temperamento instável, deve logo preveni-lo, pois, ainda que possamos levar uns ao outros a entrar na vida religiosa de maneira justa, na qual se fazem os votos de obediência, pobreza e castidade, e embora a boa obra feita em virtude de um voto seja de maior mérito do que a que se faz sem voto, deve-se considerar muito o caráter e a capacidade da pessoa, e também quanta facilidade ou empecilho poderá encontrar no cumprimento daquilo que deseja prometer.

Quem propõe os exercícios não deve levar o praticante a um estado de pobreza nem estimulá-lo a fazer promessa alguma, principalmente a outra pessoa, nem a escolher um estado ou modo de viver, porque, ainda que fora dos exercícios, lícita e meritoriamente possamos influenciar a todos que tenham capacidade para escolher a moderação, a castidade, a vida religiosa e toda a maneira de perfeição do Evangelho, é conveniente e melhor que o próprio Criador e Senhor se comunique com a alma devota, abraçando-a em seu amor e louvor, e dispondo-a a seguir pelo caminho em que melhor pode servir a Deus. Assim, aquele que orienta os exercícios não se deve deixar inclinar a uma parte nem a outra, mas, estando no meio, como

15

um peso equilibrado, deixar que o Criador aja com sua criatura, e a criatura com seu Criador e Senhor.

 16 Para que o Criador e Senhor opere mais seguramente em sua criatura, se o praticante estiver inclinado a um pensamento desordenado, é recomendável motivar-se a fazer o contrário daquilo a que se vê inclinada, colocando nisso todas as suas forças. Assim, se ele tende a buscar e realizar um trabalho ou benefício, não pela honra e glória de Deus nosso Senhor nem pelo bem-estar espiritual das almas, mas para seus próprios proveitos e interesses, deve fazer o contrário: insistir em orações e outros exercícios espirituais, e pedir a Deus o inverso, isto é, que não quer aquele tal trabalho ou benefício nem qualquer outra coisa a não ser que Deus, ordenando-lhe Seus desejos, mude suas primeiras motivações, de maneira que a causa do desejo seja somente o serviço, honra e glória do Senhor.

 17 É muito produtivo que aquele que orienta os exercícios não precise perguntar nem saber os pensamentos ou pecados do praticante, mas seja informado fielmente das várias agitações e dos vários pensamentos que se despertam nele, pois, segundo o proveito, maior ou menor, pode lhe dar

alguns exercícios específicos, conforme a necessidade da alma agitada.

18 É importante adaptar os exercícios de acordo com a disposição das pessoas, sua idade, alfabetização ou talento que possuam. Devem ser aplicados de modo que não sejam dadas coisas que quem é ignorante ou mediocremente dotado não possa entender nem tirar bom proveito. Da mesma maneira, deve-se dar a cada um aquilo que melhor possa ajudar e aproveitar, conforme as suas disposições anteriores. Portanto, para aquele que quer aprender e chegar até certo grau de contentamento para sua alma, pode-se propor o exame particular [24-31] e, depois, o exame geral [32-43], e, ao mesmo tempo, por meia hora pela manhã, o modo de orar sobre os mandamentos, pecados mortais etc. [238-248]. Recomenda-se também a confissão a cada oito dias e o Sacramento da Comunhão a cada quinze dias, e, se parecer melhor, de oito em oito dias. Essa maneira é mais propícia para pessoas mais simples ou iletradas. Explica-se a elas cada mandamento, bem como os pecados mortais, os preceitos da Igreja, os cinco sentidos [238-248] e as obras de misericórdia (ver Apêndice 3). Assim mesmo, se quem ministra os exercícios vê que quem está aprendendo tem pouca disposição ou pouca capacidade de entendimento, é melhor dar-lhe alguns exercícios leves, até sua confissão. Depois, pode-se propor alguns exames de consciência e regras para confessar mais profundamente do que o de costume, para se conservar no que já obteve de proveito espiritual. Não se deve avançar em matérias de eleição [169-188] nem quaisquer outros exercícios que estejam fora da primeira semana, especialmente quando se pode obter mais resultados de outras pessoas e sempre falta tempo para atender a todas.

 19 Quem estiver ocupado em cargos públicos, negócios ou outros trabalhos intelectuais, sendo alguém culto ou inteligente, deve tomar uma hora e meia para os exercícios. Explica-se primeiro para que é o homem criado, sua finalidade. Pode dar-lhe assim mesmo durante meia hora o exame particular [24-31], e depois o exame geral [32-43], e o modo de confessar seus pecados e comungar [44]. Fazendo durante três dias, todas as manhãs, durante uma hora, a meditação sobre o primeiro, segundo e terceiros pecados [45-54]. Depois, nos outros três dias, na mesma hora, a meditação sobre os processos dos pecados [55-61]; depois, ainda, por outros três dias, na mesma hora, sobre as penas que correspondem aos pecados [65-71]. Dando-lhe, em todas as três meditações, as dez adições

[73-89], seguindo o mesmo método pelos mistérios de Cristo Nosso Senhor, que serão apresentados adiante nos exercícios [101-109].

20

Para o praticante que tem mais tempo livre e deseja aproveitar todo o tempo possível, devem ser ministrados os exercícios espirituais na mesma ordem apresentada. O aproveitamento será bem maior quanto mais ele se afastar de todos os amigos e conhecidos e de toda preocupação com as coisas do mundo. É recomendável, por exemplo, mudar-se da casa de onde mora e ir para outra casa, ou quarto, para habitar ali o mais secretamente possível, de maneira que possa ir todos os dias à missa e às vésperas, sem medo de que seus conhecidos o impeçam.

Desse afastamento, seguem-se três vantagens principais:

Primeira
Tem grande merecimento diante do Senhor afastar-se de muitos amigos e conhecidos, assim como de muitas ocupações não bem ordenadas, para servir e louvar a Deus.

Segunda

Estando assim afastado, não terá a atenção dividida, mas colocará todo o cuidado unicamente em servir seu Criador e cuidar da própria alma. Usará seus potenciais naturais mais livremente para buscar com objetividade o que tanto deseja.

Terceira

Quanto mais nossa alma se acha sozinha e afastada, mais apta está para se aproximar e se unir a seu Criador e Senhor. E quanto mais se une, mais se dispõe a receber graças e dons de sua divina e suma Bondade.

ANOTAÇÕES

ANOTAÇÕES

PARTE II

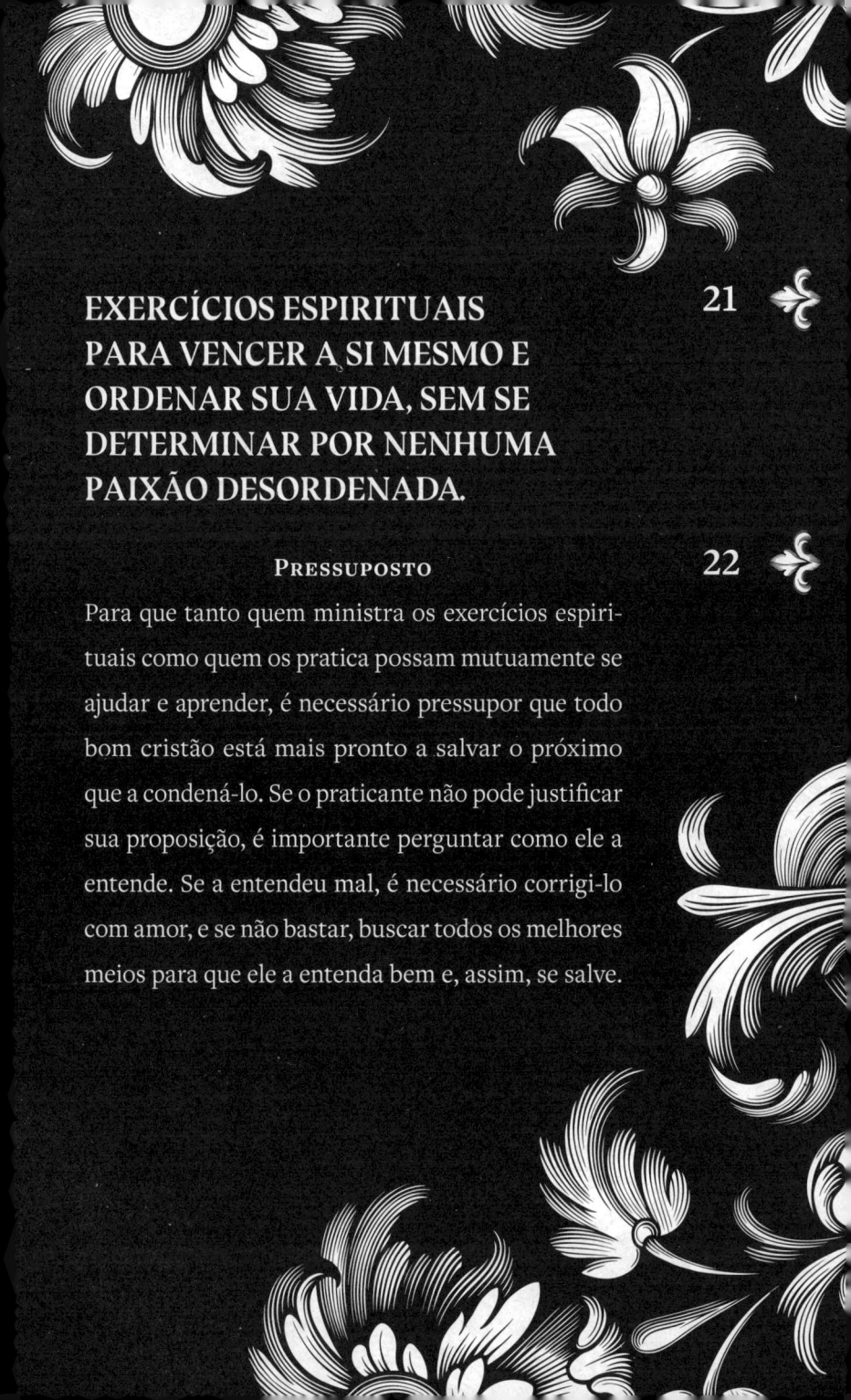

EXERCÍCIOS ESPIRITUAIS PARA VENCER A SI MESMO E ORDENAR SUA VIDA, SEM SE DETERMINAR POR NENHUMA PAIXÃO DESORDENADA.

Pressuposto

Para que tanto quem ministra os exercícios espirituais como quem os pratica possam mutuamente se ajudar e aprender, é necessário pressupor que todo bom cristão está mais pronto a salvar o próximo que a condená-lo. Se o praticante não pode justificar sua proposição, é importante perguntar como ele a entende. Se a entendeu mal, é necessário corrigi-lo com amor, e se não bastar, buscar todos os melhores meios para que ele a entenda bem e, assim, se salve.

PRIMEIRA SEMANA

PRINCÍPIO E FUNDAMENTO DE TODOS OS EXERCÍCIOS ESPIRITUAIS

O homem é criado para louvar, prestar reverência e servir a Deus Nosso Senhor, e, assim, salvar a sua alma. As outras coisas sobre a face da terra são criadas para o homem e para que o ajudem a alcançar o fim para que foi criado. De onde se segue que o homem deve usá-las para que o ajudem a atingir seu fim e, também, livrar-se delas conforme o impeçam. Por isso, é necessário nos tornar indiferentes a todas as coisas criadas, em tudo o que é concedido ao nosso livre-arbítrio e não lhe está proibido, de tal maneira que não queiramos, de nossa parte, mais saúde que enfermidade, mais riqueza que pobreza, mais honra que desonra, vida mais longa que curta, e assim por diante em tudo o mais: somente desejando e escolhendo o que mais nos conduz ao fim para que somos criados.

24 EXAME PARTICULAR E COTIDIANO

Compreende três tempos e dois exames

Primeiro tempo

Pela manhã, logo ao se levantar, a pessoa deve propor evitar, rapidamente, aquele pecado particular ou defeito que quer corrigir e emendar.

25

Segundo tempo

Depois da refeição do meio-dia, pedir a Deus nosso Senhor o que a pessoa quiser, a saber: graça para lembrar quantas vezes caiu naquele pecado particular ou defeito e para se corrigir dali em diante. Em seguida, deve fazer o primeiro exame, pedindo conta à sua alma daquele pecado pontual e particular do qual se quer emendar. Discorrer de hora em hora ou de tempo em tempo, começando desde a hora em que se levantou até a hora e instante do exame atual. Marque na primeira linha da letra g = [31] tantos pontos quantas vezes foram incorridas naquele pecado particular ou defeito. Depois, proponha corrigir-se de novo até fazer o segundo exame.

Terceiro tempo

26

Depois da refeição da noite, será feito o segundo exame, percorrendo-se também de hora em hora, começando desde o primeiro exame até este segundo. E marque na segunda linha o mesmo g = tantos pontos quantas forem as vezes que caiu naquele pecado particular ou defeito.

SEGUEM-SE QUATRO ADIÇÕES PARA CORRIGIR MAIS DEPRESSA AQUELE PECADO OU DEFEITO PARTICULAR

27

Primeira adição

Cada vez que a pessoa cair naquele pecado ou defeito particular, coloque a mão no peito, arrependendo-se por ter caído. O que pode ser feito mesmo diante de muitas pessoas, sem que percebam.

Segunda adição

28

Como a primeira linha do g = significa o primeiro exame e a segunda linha, o segundo exame, veja à noite se há emenda da primeira linha e da segunda, isto é, do primeiro exame para o segundo.

29   **TERCEIRA ADIÇÃO**

Comparar o segundo dia com o primeiro, a saber, os dois exames do dia corrente com os outros dois exames do dia anterior, e verificar se houve emenda de um dia para o outro.

30   **QUARTA ADIÇÃO**

Comparar uma semana com a outra e verificar se foi emendada na semana atual em comparação com a semana anterior.

31   Nota: vale destacar que a primeira letra maiúscula "G" a seguir significa o domingo; a segunda, minúscula, é a segunda-feira; a terceira, a terça-feira; e assim consecutivamente.

G ══════════════
g ─────────────
g ───────────
g ─────────
g ───────
g ─────
g ───
g ──

EXAME GERAL DE CONSCIÊNCIA PARA PURIFICAR-SE E PARA CONFESSAR-SE MELHOR

32

Pressuponho haver três tipos de pensamentos em mim: um que é propriamente meu e procede de minha mera liberdade e querer; e outros dois que vêm de fora, um do bom espírito e outro do mau.

PENSAMENTOS

33

Há duas maneiras de lidar com um mau pensamento que vem de fora.

Primeira

Vem um pensamento de cometer um pecado mortal, e eu resisto de imediato a tal pensamento e eu o venci.

Segunda

34

Quando me vem aquele mesmo pensamento mau e eu o resisto, e ele torna a voltar outra vez, e eu sempre o resisto, até que o pensamento seja vencido. Esta segunda maneira é de maior merecimento que a primeira.

35

Peca-se levemente quando o mesmo pensamento de pecar mortalmente vem e a pessoa lhe dá atenção, demorando-se um pouco nele, tendo algum prazer sensual ou havendo alguma negligência em rejeitar tal pensamento.

36 Há duas maneiras de pecar mortalmente. A primeira é quando se dá consentimento ao pensamento mau, para então realizá-lo logo conforme foi consentido, ou para colocar em ação, se pudesse.

37 A segunda maneira de se pecar mortalmente é quando se coloca em ação aquele pecado, e é maior por três razões: a primeira, pela maior duração; a segunda, por maior intensidade; a terceira, por maior dano para as duas pessoas.

38 PALAVRAS

Não jurar, nem pelo Criador nem pela criatura, a não ser com verdade, por necessidade e com reverência. Entendo por necessidade não quando se afirma com juramento qualquer verdade que seja, mas quando é de alguma importância para o proveito da alma ou do corpo ou de bens temporais. Entendo por reverência quando, ao pronunciar o nome de seu Criador e Senhor, com consideração, tribute-se à honra e reverência devidas.

39 É importante observar que, embora o juramento em vão seja maior ao jurar pelo Criador do que pela criatura, é mais difícil jurar devidamente com verdade, necessidade e reverência pela criatura do que pelo Criador, pelas seguintes razões:

Primeira

Quando queremos jurar por alguma criatura, o fato de querer torná-la por testemunha não nos faz estar tão atentos ou advertidos para dizer a verdade ou para afirmá-la com necessidade, como ao querermos jurar pelo Senhor e Criador de todas as coisas.

Segunda

Ao jurar pela criatura, não é tão fácil prestar reverência e acatamento ao Criador, como quando se jura e profere o nome do mesmo Criador e Senhor. Porque o querer nomear a Deus Nosso Senhor traz consigo mais aceitação e honra do que pronunciar a coisa criada.

Portanto, aos perfeitos é concedido jurarem pela criatura mais do que aos imperfeitos, porque os perfeitos, por sua assídua contemplação e iluminação do entendimento, consideram, meditam, contemplam e entendem que Deus está em cada criatura, segundo sua própria essência, presença e poder; e assim, ao jurar pela criatura, são mais aptos e dispostos a prestar acatamento e reverência a seu Criador e Senhor do que os imperfeitos.

TERCEIRA

Quanto mais os imperfeitos juram pela criatura, mais se deve temer neles a idolatria do que nos perfeitos.

40 Não se deve dizer palavra ociosa, que nem a mim nem ao outro é útil, e nem se ordena para esse fim. De forma que nunca é ocioso falar de tudo o que é proveitoso ou é dito com intenção de utilidade à própria alma, ou alheia ao corpo ou a bens terrenos, mesmo que se fale de assuntos estranhos à própria profissão, como um religioso falar de guerras ou comércio. Em suma, há mérito em palavras com intenção de boa ordenança e pecado com uma intenção má ou de se falar em vão.

41 Não falar palavras para difamar ou murmurar, porque, se revelo um pecado mortal que não seja público, peco mortalmente; se for leve, levemente; se descobrir um defeito no outro, mostro meu próprio defeito. Porém, sendo boa a intenção, pode-se falar do pecado ou da falta de outro de duas maneiras:

Primeira

Quando o pecado é público, assim como de uma meretriz, e de uma sentença dada em juízo, ou de um erro público que corrompe as almas daqueles com quem se conversa;

Segunda

Quando o pecado oculto é descoberto por alguém, que essa pessoa ajude aquele que está em pecado a levantar-se, tendo, contudo, também alguma esperança ou razões prováveis de que poderá ajudar o pecador.

OBRAS 42

Tomando por objeto os dez mandamentos e os preceitos da Igreja e as ordens dos superiores, tudo o que se coloca em prática contra alguma dessas três partes, segundo maior ou menor importância, é maior ou menor pecado. (veja Apêndice 2)

Entendo por ordens dos superiores, por exemplo, as Bulas de Cruzada e outras indulgências, como as concedidas pela paz, confessando-se e tomando o Santíssimo Sacramento, a comunhão. Porque não é um pecado pequeno ir contra ou induzir outros a irem contra exortações e disposições tão santas de nossos Superiores.

43   MODO DE FAZER O EXAME GERAL

Consta de cinco pontos

1º. Dar graças a Deus Nosso Senhor, por todas as bênçãos recebidas.

2º. Pedir graça para conhecermos os pecados e rejeitá-los.

3º. Pedir conta da própria alma desde a hora em que se levantou até o exame presente, de hora em hora ou de tempo em tempo, primeiro dos pensamentos, depois das palavras, e em seguida das obras, na mesma ordem que se disse no exame particular.

4º. Pedir perdão a Deus nosso Senhor pelas nossas faltas;

5º. Propor emendar-se com sua graça.

Pai Nosso

44   CONFISSÃO GERAL E COMUNHÃO

Quem quiser fazer voluntariamente a confissão geral, encontrará, dentre muitas, três vantagens:

Primeira

Embora quem se confesse todo ano não seja obrigado a fazer a confissão geral, ao fazê-la, tirará maior proveito e mérito, pela maior dor atual de todos os pecados e malícias de toda a sua vida.

Segunda

No tempo dos exercícios espirituais, o praticante conhece mais intimamente seus pecados e suas malícias do que em qualquer outro tempo em que a pessoa não se importa tanto assim com a vida interior. Alcançando agora mais conhecimento e dor dos pecados, terá maior proveito e mérito do que antes.

Terceira

Estar consciente de que, estando o praticante confessado e disposto, estará mais apto e mais preparado para receber a comunhão, o que não somente ajuda para que não caia novamente em pecado, mas ainda permite a ele conservar-se no aumento da graça.

A confissão geral é feita de modo mais conveniente logo após os exercícios da primeira semana.

45 **PRIMEIRO EXERCÍCIO**

Meditação com as três potências sobre o primeiro, segundo e terceiro pecados. Compreende, depois de uma oração preparatória e dos preâmbulos, três pontos principais e um colóquio

46 **A oração preparatória** consiste em pedir graça a Deus Nosso Senhor, para que todas as minhas intenções, ações e operações sejam puramente dirigidas ao serviço e louvor de sua divina majestade.

47 Primeiro preâmbulo

O primeiro preâmbulo é a composição do lugar. Aqui, nota-se, se o assunto da contemplação ou meditação for algo visível, assim como na contemplação de Cristo Nosso Senhor, o qual é visível, a "composição" consistirá em representar, com o auxílio da imaginação, o lugar físico onde está o objeto que quero contemplar. Em outros termos, quando digo lugar físico, refiro-me a um local como o templo ou monte no qual estão Jesus Cristo ou Nossa Senhora, segundo o mistério que quero contemplar.

Se o assunto da contemplação for algo invisível, como são aqui os pecados, a composição será ver com os olhos da imaginação, considerando minha alma como encarcerada neste corpo corruptível, e a mim mesmo, digo, minha alma e corpo, neste vale de lágrimas como desterrado entre animais brutos.

Segundo preâmbulo

48

Pedir a Deus Nosso Senhor o que quero e desejo. O pedido deve ser segundo o assunto da meditação. Na contemplação da ressurreição, por exemplo, pedir alegria com o Cristo alegre; na da paixão, pedir pena, lágrimas e tormento com Cristo atormentado. Na meditação de agora, vou pedir vergonha e confusão de mim mesmo, vendo quantos foram prejudicados por apenas um pecado mortal, e quantas vezes eu merecia ser condenado para sempre por meus muitos pecados.

Nota

49

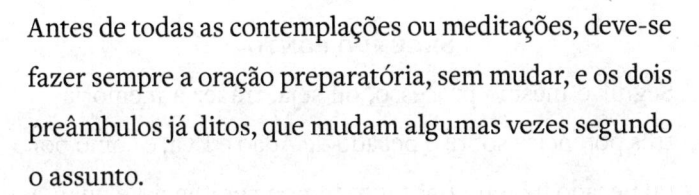

Antes de todas as contemplações ou meditações, deve-se fazer sempre a oração preparatória, sem mudar, e os dois preâmbulos já ditos, que mudam algumas vezes segundo o assunto.

Primeiro ponto

50

Trazer à memória o primeiro pecado, que foi o dos anjos, e a seguir o entendimento, que refletirá sobre ele, e por fim, a vontade. Procurar lembrar e entender tudo isso, para mais me envergonhar e confundir: comparando com um só pecado dos anjos, os meus muitos pecados. Considerar como eles, por um pecado, foram ao inferno, e quantas vezes eu o mereci por tantos pecados.

Digo trazer à memória o pecado dos anjos porque, sendo eles criados em estado de graça, não querendo usar de sua liberdade para prestar reverência e obediência a seu Criador e Senhor, encheram-se de soberba, e por isso foram convertidos do estado de graça ao de malícia e lançados do Céu ao Inferno.

Assim, em seguida, discorreremos mais em particular com o entendimento e, depois, moveremos mais os afetos com a vontade.

51   **SEGUNDO PONTO**

Seguir o mesmo processo, ou seja, trazer à memória as três potências sobre o pecado de Adão e Eva, e como por tal pecado fizeram por tanto tempo penitência, e quanta corrupção veio ao gênero humano, indo tanta gente para o inferno.

Digo trazer à memória o segundo pecado, o de nossos primeiros pais. Depois que Adão foi criado no campo Damasceno e posto no Paraíso terrestre, Eva foi criada de sua costela, sendo proibidos de comer da árvore do conhecimento. Contudo, comeram e, dessa maneira, pecaram. Meditar sobre como, depois, vestidos de túnicas de pele e expulsos do paraíso, viveram toda a sua vida em muitos trabalhos e penitências, sem a justiça original que haviam perdido. Depois, você deve refletir com o entendimento mais particular, exercitando a vontade, como está dito no primeiro ponto.

Terceiro ponto

Proceder da mesma maneira sobre o terceiro pecado, ou seja, o particular de qualquer um que, por um pecado mortal, tenha ido ao inferno, e o de outros muitos, sem conta, que foram para lá por menos pecados que eu cometi.

Proceder da mesma maneira sobre o terceiro pecado particular é rememorar a gravidade e malícia do pecado contra o seu Criador e Senhor, discorrer com o entendimento sobre como, ao pecar e ir contra a bondade divina, tal pessoa foi condenada justamente para sempre. Você deve concluir com os atos da vontade, como foi dito.

53 ### Colóquio

Imaginando Cristo Nosso Senhor diante de mim e pregado na cruz, fazer um colóquio ou diálogo, ponderando sobre como o Criador veio a se fazer homem e como de vida eterna veio à morte temporal, e, desse modo, veio morrer por meus pecados. Além disso, olhar para mim mesmo e me perguntar: o que fiz por Cristo, o que faço por Cristo e o que devo fazer por Cristo? E observando Cristo pendurado na cruz, discorrer sobre o que me ocorrer.

54 O colóquio propriamente dito é realizado assim como um amigo fala com o outro ou um servo fala com seu senhor, ora pedindo alguma graça, ora se confessando culpado por algum malfeito, ora comunicando as suas coisas e querendo para elas conselho.

Pai Nosso

55 # SEGUNDO EXERCÍCIO

Meditação sobre os pecados

Contém, depois da oração preparatória e dos preâmbulos, cinco pontos e um colóquio

Oração. A oração preparatória é a mesma.

Primeiro preâmbulo. Será a mesma composição de lugar.

Segundo preâmbulo. Pedir o que quero: será aqui pedir grande e intensa dor e lágrimas pelos meus pecados.

Primeiro ponto

56

É o processo dos pecados, que traz à memória todos os pecados da vida, considerando ano por ano ou de tempo em tempo. É útil lembrar de três coisas: a primeira, ver o lugar e a casa onde habitei; a segunda, as relações que tive com os outros; e a terceira, o ofício que exerci.

Segundo ponto

57

Ponderar os pecados, considerando a feiura e a malícia que cada pecado mortal cometido tem em si, mesmo que não fosse proibido.

Terceiro ponto

58

Considerar quem eu sou, diminuindo-me por meio de comparações:

1. Que eu sou em comparação a todos os homens?

2. O que são as pessoas em comparação a todos os anjos e santos do Paraíso?

3. O que qualquer coisa é se comparada a Deus? E eu somente, que posso ser?

4. Considerar toda a minha corrupção e feiura do meu corpo.

5. Considerar-me como uma chaga e tumor, de onde saíram tantos pecados e tantas maldades e um veneno tão hediondo.

59

Quarto ponto

Considerar quem é o Deus contra quem eu pequei, segundo seus atributos, comparando-os aos seus contrários em mim: sua sabedoria à minha ignorância, sua onipotência à minha fraqueza, sua justiça à minha iniquidade, sua bondade à minha maldade.

60

Quinto ponto

Exclamação de admiração com grande afeto, discorrendo por todas as criaturas. Como me têm deixado com vida e conservado nela. Os anjos que são a espada da justiça divina, como me têm suportado, guardado e rogado por mim. Os santos, como têm intercedido e rogado por mim. E os céus, o sol, a lua, as estrelas e os elementos, os frutos, as aves, os peixes e os animais. A terra, como não se abriu para me tragar, criando novos infernos para neles eu penar para sempre.

Colóquio 61

Acabar com um colóquio ou diálogo sobre a misericórdia, ponderando e dando graças a Deus, porque me deu vida até agora, e propor me corrigir, com a sua Graça, para o futuro.

Pai Nosso

TERCEIRO EXERCÍCIO 62
Repetição do primeiro e segundo

Contém três colóquios

Depois da oração preparatória e dos preâmbulos, repetir o primeiro e o segundo exercícios, dando atenção e fazendo pausas nos pontos em que sentiu maior consolação ou desolação, ou maior sentimento espiritual. Depois, fazer três colóquios da maneira que se segue:

63

Primeiro colóquio

À Nossa Senhora, para que me alcance as três graças de seu Filho e Senhor:

1. Que eu sinta conhecimento interno de meus pecados e aborrecimento deles.

2. Que se sinta a desordem de minhas ações, para que, aborrecendo-a, emende-me e me ordene;

3. Pedir conhecimento do mundo, para que, aborrecendo-o, afaste de mim as coisas mundanas e vãs. Depois disso, rezar uma Ave-Maria. (veja Apêndice 1)

Segundo colóquio

Pedirei o mesmo ao Filho, para que me alcance do Pai as mesmas três graças. Depois disso, rezar Alma de Cristo. (Veja Apêndice 1)

Terceiro colóquio

Pedirei o mesmo ao Pai, para que o Senhor eterno me conceda. Terminar com um Pai Nosso. (veja Apêndice 1)

QUARTO EXERCÍCIO   64

Resumo do terceiro

Digo "resumo" para que o entendimento, sem divagar, reflita atentamente, recordando as coisas contempladas nos exercícios passados. Fazer os mesmos três colóquios diálogos.

QUINTO EXERCÍCIO   65

Meditação sobre o inferno

Contém, depois da oração preparatória e dos preâmbulos, cinco pontos e um colóquio

Oração. A oração preparatória é a costumeira.

Primeiro preâmbulo. A composição de lugar, que consiste aqui em ver com os olhos da imaginação o comprimento, a largura e a profundidade do inferno.

Segundo preâmbulo. Pedir o que quero. Pedir o sentimento interno da pena da qual padecem os condenados para que se, por minhas faltas, me esquecer do amor do Senhor eterno, que ao menos o temor dos castigos me ajude a não cair em pecado.

66   PRIMEIRO PONTO

Ver, com os olhos da imaginação, os grandes fogos e as almas como que em corpos incandescentes.

67   SEGUNDO PONTO

Ouvir, com os ouvidos, prantos, alaridos, vozes e blasfêmias contra Cristo nosso Senhor e contra todos os seus santos.

68   TERCEIRO PONTO

Cheirar, com o olfato, o fumo, o enxofre, a imundície e coisas pútridas.

69   QUARTO PONTO

Provar, com o paladar, coisas amargas, assim como lágrimas, tristezas e o verme da consciência.

70   QUINTO PONTO

Tocar, com o tato, como o fogo toca e abrasa as almas.

71   COLÓQUIO

Faço um colóquio a Cristo Nosso Senhor, rememorando as almas que estão no inferno, algumas porque não creram em sua vinda, outras porque, crendo, não seguiram seus mandamentos, dividindo-as três grupos:

1º grupo, antes do advento de Cristo.

2º grupo, durante sua vida.

3º grupo, depois da sua vida neste mundo.

Depois disso, dou graças a Deus, porque não me deixou cair em nenhum desses grupos, acabando com minha vida, e também porque até agora ele sempre tem tido tanta piedade e misericórdia para comigo. Concluir com um **Pai Nosso**.

Nota

72

O primeiro exercício será feito à meia-noite. O segundo, logo ao se levantar pela manhã. O terceiro, antes ou depois da missa, que seja, em qualquer caso, antes do almoço. O quarto, à hora de vésperas. O quinto, uma hora antes do jantar. Esse horário permanece sempre o mesmo em todas as quatro semanas, com maior ou menor rigor, conforme a idade, a disposição, o temperamento e de modo que ajudem o praticante nos cinco ou menos exercícios.

ADIÇÕES

73

Para melhor fazer os exercícios e para melhor o praticante encontrar o que deseja

Primeira adição

Depois de deitado, antes de dormir, pensarei pelo tempo de uma Ave-Maria a que horas tenho que me levantar e para que, resumindo o exercício que tenho que fazer.

74

Segunda adição

Quando acordar, não darei lugar a nenhum pensamento que me distraia; pensarei logo no que vou contemplar no primeiro exercício da meia-noite, exercitando-me à confusão por meus tantos pecados — por exemplo, como um cavaleiro diante de seu rei e de toda a sua corte, envergonhado e confuso, por ter ofendido grandemente aquele de quem antes recebeu muitos dons e favores. Dessa maneira, no segundo exercício, vou me reconhecer como um grande pecador, que vou algemado comparecer diante do Sumo e Eterno Juiz, tal como os presos condenados à morte comparecem diante de seu juiz temporal.

Com esses pensamentos ou com outros similares, segundo a matéria proposta, vou me vestir.

75

Terceira adição

A um passo ou dois do lugar onde farei a contemplação ou meditação, ficarei em pé pelo tempo de um Pai-Nosso e, elevando meu pensamento ao céu, considerarei como Deus Nosso Senhor me vê. Então, farei um ato de reverência ou submissão.

Quarta adição

76

Entrar na contemplação, ora de joelhos, ora prostrado em terra, ora deitado, ora sentado, ora em pé, procurando sempre encontrar o que quero.

Observarei duas coisas: a primeira é que, se encontro o que quero de joelhos, não mudarei de posição; do mesmo modo, se prostrado, assim permanecerei, e assim seguirei. A segunda, no ponto da meditação no qual encontrar o que quero, aí irei parar, sem ter ânsia de passar adiante, até que me satisfaça.

Quinta adição

77

Depois de acabado o exercício, por 15 minutos, sentado ou andando, vou observar como me saí na contemplação ou meditação. Se mal, examinarei qual a causa e, uma vez encontrada, irei me arrepender para me corrigir no futuro. Se bem, darei graças a Deus Nosso Senhor e continuarei procedendo da mesma maneira.

78   Sexta adição

Não nos deteremos em nenhum pensamento de prazer ou alegria, como da Glória ou Ressurreição, entre outros, porque qualquer consideração de gozo e alegria me impediria de sentir pena e dor e de derramar lágrimas pelos meus pecados. Pelo contrário, devo nutrir em mim o desejo de sentir a dor e arrependimento, trazendo mais à memória a morte e o juízo.

79   Sétima adição

Do mesmo modo e para obter o mesmo efeito, privar-me-ei de toda a claridade, fechando as janelas e portas durante o tempo em que estiver no quarto, a não ser para rezar, ler e comer.

80   Oitava adição

Não vou rir nem dizer algo que possa provocar o riso.

81   Nona adição

Baixarei os olhos, não os levantando exceto ao receber ou me despedir das pessoas com quem falar.

82   Décima adição

A penitência se divide entre interior e exterior. A interior é sentir dor por seus próprios pecados, com firme propósito de não os cometer mais, nem a quaisquer outros. Já a exterior, ou fruto da primeira, consiste em castigo pelos pecados cometidos. Pratica-se principalmente de três maneiras:

Primeira. Consiste na alimentação. Quando cortamos o supérfluo, não é penitência, mas temperança; penitência é quando nos privamos do conveniente. Quanto maior e melhor a penitência, mais nos privamos, contanto apenas que não prejudique a saúde da pessoa nem provoque nenhuma doença.

83

Segunda. Sobre o modo de dormir. Do mesmo modo, não é penitência cortar o supérfluo em coisas delicadas ou moles; mas é penitência quando, no modo de dormir, livramo-nos do conforto. Quanto mais cortamos, melhor é a penitência, contanto que não se prejudique a saúde nem gere nenhuma doença. Também não é necessário cortar o sono, a não ser que se tenha o hábito vicioso de dormir muito, para assim chegar ao meio termo.

84

Terceira. Castigar a carne, ou seja, causar-lhe dor, por meio de cilícios ou cordas, ou ainda de barras de ferro

85

sobre a carne, flagelando-se, ferindo-se ou praticando outras maneiras de asperezas.

86 Nota

O que parece mais conveniente e mais seguro da penitência é que a dor seja sensível na carne, mas não penetre nos ossos, de maneira que a penitência cause dor, mas não ferimento profundo. Parece ser mais conveniente flagelar-se com cordas finas que causam dor superficial do que de outras maneiras que causem lesões internas.

87 Primeira nota

As penitências externas se dão principalmente por três motivos:

1. Para satisfação pelos pecados passados.

2. Para vencer a si mesmo, isto é, para que a sensação de prazer obedeça à razão e todas as tendências inferiores estejam mais sujeitas às superiores.

3. Para buscar e obter alguma graça ou dom que a pessoa quer e deseja — por exemplo, de sentir culpa por seus pecados, de chorar muito por eles e pelas penas e dores

que Cristo Nosso Senhor passou em sua Paixão, ou para encontrar a solução de alguma dúvida que a pessoa tenha.

Segunda nota

88

Explicar que a primeira e a segunda adições servem para os exercícios da meia-noite e da manhã, e não para os que serão feitos em outros momentos. E a quarta adição nunca será feita na igreja, diante dos outros, mas escondido, como em sua própria casa.

Terceira nota

89

Quando o praticante ainda não encontrou o que deseja, como lágrimas, consolações etc., muitas vezes é útil fazer uma mudança na alimentação, no sono, e também em outros modos de fazer a penitência. Varie, portanto, fazendo dois ou três dias de penitência, e outros dois ou três, não. Porque a alguns convém fazer mais penitência e a outros, menos. Também porque, muitas vezes, deixamos de fazer penitência pelo comodismo ou por um julgamento errado de que não poderemos suportá-la sem ficarmos doentes.

Algumas vezes, ao contrário, fazemos muita penitência, pensando que o corpo poderá suportar. Como Deus Nosso

Senhor conhece infinitamente melhor a nossa natureza, muitas vezes, nessas tais mudanças, dá-nos a sentir o que nos convém.

90   Quarta nota
Fazemos o exame particular para corrigir os defeitos e as negligências nos exercícios e nas adições. O mesmo vale para a segunda, terceira e quarta semanas.

ANOTAÇÕES

ANOTAÇÕES

ANOTAÇÕES

SEGUNDA SEMANA

O CHAMAMENTO DO REI TEMPORAL

Ajuda a contemplar a vida do rei eterno.

Oração
Oração preparatória habitual.

Primeiro preâmbulo
Composição do lugar. Consiste em ver, com os olhos da imaginação, as sinagogas, vilas e aldeias por onde Cristo percorreu a pregar.

Segundo preâmbulo

Pedir a graça que quero. Será, aqui, pedir graça a nosso Senhor para que não seja surdo ao seu chamamento, mas pronto e diligente para cumprir sua vontade.

92

Primeiro ponto

Representar diante de mim um rei humano, eleito pela mão de Deus Nosso Senhor, a quem prestam reverência e obedecem a todos os príncipes e todos os homens cristãos.

93

Segundo ponto

Perceber como esse rei fala a todos os seus súditos, dizendo: "A minha vontade é de conquistar toda a terra de infiéis. Portanto, quem quiser vir comigo, tem de se contentar em comer como, a beber como eu e se vestir como eu. Da mesma maneira, há de trabalhar comigo de dia e vigiar durante a noite, para que, assim, depois tenha parte comigo na vitória, como teve nos trabalhos".

94

Terceiro ponto

Considerar o que devem responder os bons súditos ao rei tão generoso e tão humano. E, por conseguinte, se alguém não aceitar a petição de tal rei, quão digno será de ser desprezado por todo o mundo e ser considerado perverso.

SEGUNDA PARTE

95 A segunda parte deste exercício consiste em aplicar o exemplo do rei temporal apresentado anteriormente a Cristo Nosso Senhor, conforme os três pontos citados.

Primeiro ponto

Se considerarmos o chamamento do rei temporal a seus súditos, é mais digno de consideração quem contemplar Cristo Nosso Senhor, Rei eterno, e diante dele o universo inteiro e cada pessoa em particular, a quem chama e diz: "A minha vontade é de conquistar todo o mundo e todos os inimigos, e assim entrar na glória de meu Pai. Portanto, quem quiser vir comigo deve trabalhar comigo, para que, seguindo-me na pena, também me siga na glória".

Segundo ponto

96 Considerar que todos os que tiverem razão e bom senso se oferecerão ao trabalho.

Terceiro ponto

97 Os que quiserem afeiçoar e se dedicar mais a todo o serviço do seu Rei eterno e Senhor universal, não somente oferecerão suas pessoas ao trabalho, mas também, indo contra sua própria natureza e contra seu amor carnal e

mundano, farão ofertas de maior estima e maior valor, dizendo:

98 "Eterno Senhor de todas as coisas, eu entrego a minha oferta, com o vosso favor e ajuda, diante de vossa infinita bondade e diante da vossa Mãe gloriosa e de todos os santos e santas da corte celestial. O que eu quero e desejo, e é minha determinação deliberada, contanto que seja seu maior serviço e louvor, imitar-vos em passar por todas as injúrias, e todas as humilhações, e toda a pobreza, tanto atual como espiritual, se Vossa Santíssima Majestade me quiser eleger e receber em tal vida e estado".

99 PRIMEIRA NOTA
Este exercício será feito duas vezes ao dia: de manhã, ao levantar-se, e uma hora antes de almoçar ou jantar.

100 SEGUNDA NOTA
Para a segunda semana e as seguintes, será muito útil ler, por alguns breves momentos, os livros *Imitação de cristo* ou os Evangelhos e *Vidas de santos*.

PRIMEIRO DIA

101

A primeira contemplação é da encarnação
Compreende a oração preparatória, três preâmbulos, três pontos e um colóquio

Oração
A oração preparatória seja a de costume.

Primeiro preâmbulo

102

Recordar a história da matéria que tenho de contemplar — como as Três Pessoas divinas que observavam toda a planície ou redondeza da terra cheia de homens viam como todos desciam ao inferno. Determina-se, em sua eternidade, que a Segunda Pessoa da Santíssima Trindade se torne homem para salvar os seres humanos, e, assim, chegada a plenitude dos tempos, o Arcanjo São Gabriel foi enviado a Nossa Senhora [262].

Segundo preâmbulo

103

Composição do lugar. Contemplar a grande extensão da terra, na qual estão tantas e tão diversas pessoas. Dessa mesma maneira, depois, em particular, a casa e os aposentos de Nossa Senhora, na cidade de Nazaré, província da Galileia.

104
Terceiro preâmbulo

Pedir o que quero. Será aqui pedir conhecimento interno do Senhor que por mim se fez homem, para que mais o ame e o siga.

105
Nota

Convém notar que esta mesma oração preparatória, sem mudá-la como está dito no princípio [46], e também os três preâmbulos, devem ser feitos nesta semana e nas outras seguintes, modificando-os conforme a matéria da meditação.

106
Primeiro ponto

Ver as pessoas sucessivamente. Em primeiro lugar, as pessoas da face da terra, tão diversas nos trajes como nos gestos: alguns brancos e outros pretos; uns em paz e outros em guerra; alguns chorando e outros rindo; uns saudáveis e outros doentes; alguns nascendo e outros morrendo etc.

Em segundo lugar, ver e considerar como as Três Pessoas divinas, em seu assento real ou no trono de Sua Divina Majestade, observam toda a face da terra, todas as pessoas em tanta cegueira, como morrem e descem ao inferno.

Em terceiro lugar, ver Nossa Senhora e o Anjo que a saúda. Refletir para tirar algum proveito dessa cena.

Segundo ponto

107

Ouvir o que falam as pessoas na face da terra, como falam umas com as outras, como juram e blasfemam. Do mesmo modo, o que dizem as Pessoas divinas, a saber: "Façamos a redenção dos seres humanos" etc. Depois, o que falam o Anjo e Nossa Senhora. Refletir para tirar proveito de suas palavras.

Terceiro ponto

108

Buscar entender o que fazem as pessoas na face da terra, como ferir, matar, ir ao inferno etc. Do mesmo modo, o que fazem as Pessoas divinas, a saber, como realizam a Santíssima Encarnação etc. Igualmente, o que fazem o Anjo e Nossa Senhora: o Anjo cumprindo seu ofício de embaixador, e Nossa Senhora se humilhando e dando graças à divina Majestade. Refletir para tirar algum proveito de cada uma dessas atitudes.

Colóquio

109

Por fim, fazer um colóquio ou diálogo, pensando no que devo falar às Três Pessoas divinas, ou ao Verbo Eterno Encarnado, ou à Sua Mãe e Senhora nossa, pedindo, segundo o que sinto, para seguir e imitar melhor Nosso Senhor recém-encarnado. Rezar um Pai Nosso.

110 SEGUNDA CONTEMPLAÇÃO

O nascimento

Oração
A oração preparatória seja a de costume.

111

Primeiro preâmbulo

É a história do mistério. Nossa Senhora, grávida de quase nove meses, saiu de Nazaré para Belém, sentada (como se pode piedosamente meditar) em uma jumenta, com José e uma criada, levando um boi, a fim de pagar o tributo que César impôs em todas aquelas terras [264].

112

Segundo preâmbulo

Composição do lugar. Ver com os olhos da imaginação o caminho de Nazaré até Belém, considerando o comprimento, a largura, se plano ou se segue por vales e encostas. Desse mesmo modo, buscar o lugar ou a gruta do nascimento, se grande ou pequena; se baixa ou alta e como está preparada.

Terceiro preâmbulo

113

Será o mesmo, e da mesma forma que foi na contemplação anterior.

Primeiro ponto

114

Ver as pessoas: Nossa Senhora, José, a criada e o menino Jesus, depois de ter nascido. Tornando-me um pequenino, pobre e indigno escravo, observo-os, contemplo-os e os sirvo em suas necessidades — como estivesse presente —, com todo acatamento e reverência possíveis.

Depois, refletir para tirar algum proveito.

Segundo ponto

115

Observar, advertir e contemplar o que falam. Depois, refletir comigo mesmo para tirar algum proveito.

Terceiro ponto

116

Observar e considerar o que fazem, por exemplo, como caminham e trabalham para que o Senhor seja nascido em grande pobreza, e, depois de tantos trabalhos, de fome, sede, calor, frio, de injúrias e afrontas, morrer na cruz, e tudo isso por mim.

Depois, refletir para tirar algum proveito espiritual.

117   Colóquio

Terminar com um colóquio, assim como na contemplação anterior, e com um Pai-Nosso.

118 TERCEIRA CONTEMPLAÇÃO

Repetição do primeiro e do segundo exercício

Depois da oração preparatória e dos três preâmbulos, será feita a repetição do primeiro e do segundo exercícios, anotando sempre algumas passagens mais importantes, onde o praticante tenha sentido algum conhecimento, alguma consolação ou alguma desolação. Ao fim, fazer do mesmo modo um colóquio e um Pai-Nosso.

119   Nota

Essa repetição, assim como todas as seguintes, será feita na mesma ordem que as repetições da primeira semana, mudando a matéria e conservando a forma.

120 QUARTA CONTEMPLAÇÃO

Repetição da primeira e segunda

Como se faz na repetição anterior.

QUINTA CONTEMPLAÇÃO

121

Aplicação dos cinco sentidos sobre a primeira e a segunda contemplação

Oração

Depois da oração preparatória e dos três preâmbulos, é útil exercitar os cinco sentidos da imaginação sobre primeira e segunda contemplações como se segue.

Primeiro ponto

122

Ver as pessoas com os olhos da imaginação, meditando e contemplando, em particular, suas circunstâncias, buscando tirar algum proveito.

Segundo ponto

123

Com a audição, ouvir o que falam ou podem falar, e refletir consigo mesmo, tirando disso algum proveito.

Terceiro ponto

124

Sentir e saborear com o olfato e gosto da infinita suavidade e doçura da divindade, da alma, de suas virtudes e de tudo o mais, conforme for a pessoa contemplada. Refletir consigo mesmo, procurando tirar algum proveito.

125

QUARTO PONTO

Sentir com o tato, abraçando e beijando os lugares onde que tais pessoas pisaram e se assentaram, sempre procurando tirar proveito.

126

COLÓQUIO

Terminar com um colóquio, como na primeira e segunda meditação, e rezar um Pai-Nosso.

INDICAÇÕES TÉCNICAS

127

PRIMEIRA NOTA

Durante toda esta semana e as seguintes, devo somente ler o mistério correspondente à contemplação que tenho de fazer no momento, isto é, não deverei ler nenhum outro senão o daquele dia ou daquela hora, para que a consideração de um mistério não deturpe a consideração do outro.

128

SEGUNDA NOTA

O primeiro exercício da Encarnação será feito à meia-noite; o segundo, ao amanhecer; o terceiro, à hora da missa; o quarto, à hora das vésperas; e o quinto, antes do jantar. Cada um dos cinco exercícios durará uma hora, e essa mesma ordem se seguirá nos próximos exercícios.

Terceira nota

129

É de se advertir que, se o praticante dos exercícios for idoso ou doente, ainda que forte, tenha se debilitado de alguma maneira com os exercícios da primeira semana, é melhor que, nesta segunda semana, ao menos algumas vezes não acorde à meia-noite, mas faça uma contemplação pela manhã, outra à hora da missa e outra antes do almoço. Repetir esses três exercícios à hora das vésperas e, depois, aplicar os sentidos antes da ceia.

Quarta nota

130

Em todas as dez adições que se disseram na primeira semana, há de mudar a segunda, a sexta, a sétima e, em parte, a décima.

Quanto à segunda, assim que despertar, colocar em minha frente a contemplação que devo fazer, desejando conhecer mais o Verbo eterno encarnado, para melhor servi-lo e segui-lo.

Na sexta, lembrar frequentemente da vida e dos mistérios de Cristo Nosso Senhor, começando por sua encarnação até o lugar ou mistério contemplado; na sétima, escolher a luz ou a escuridão, usar e aproveitar os bons tempos ou diversos para ajudar a pessoa que faz os exercícios a encontrar o que deseja.

Na décima adição, aquele que pratica deve fazer os exercícios segundo os mistérios que contempla, porque alguns pedem penitência e outros não, de maneira que se façam todas as dez adições com muito cuidado.

131
Quinta nota
Em todos os exercícios, exceto no da meia-noite e no da manhã, deve se fazer o equivalente à segunda adição. Ao perceber que é a hora do exercício que tenho de fazer, antes de ir, pensarei para onde vou e diante de quem vou comparecer, resumindo um pouco o exercício que tenho de fazer. Depois, fazendo a terceira adição, entrarei no exercício.

132
SEGUNDO DIA

Tomar para a primeira e a segunda contemplações a apresentação no templo [268] e a fuga para o Egito e para o exílio [269]

Sobre essas contemplações serão feitas duas repetições e aplicação dos cinco sentidos, como no dia anterior.

Nota

133

Ainda que o praticante se sinta forte e saudável, para melhor encontrar o que deseja, é bom mudar o seu horário do segundo até o quarto dias, inclusive. Poderá fazer apenas uma contemplação ao amanhecer e outra à hora da missa, e deve repeti-las à hora das vésperas e aplicar os sentidos antes do jantar.

TERCEIRO DIA

134

Como o Menino Jesus era obediente a seus pais em Nazaré [271] e como depois o acharam no templo [272]

Na sequência, fazer as duas repetições e a aplicação dos cinco sentidos.

Preâmbulo

135

Para considerar os estados de vida

Já consideramos o exemplo que Cristo nosso Senhor nos deu para o primeiro estado, que consiste em guardar os mandamentos, obediente a seus pais. Façamos o mesmo para o segundo estado, que é o de perfeição evangélica, quando ficou no templo. Jesus deixou seu pai adotivo e sua mãe biológica para se ocupar no serviço de seu Pai eterno.

Começaremos a investigar, juntamente com a contemplação de sua vida, e perguntar-lhe em que gênero de vida ou estado a Sua Divina Majestade quer se servir de nós.

Como introdução, no primeiro exercício seguinte, veremos a intenção de Cristo Nosso Senhor e, do outro lado, a do inimigo da natureza humana, e também como devemos nos dispor para chegarmos à perfeição em qualquer estado ou gênero de vida que Deus nos permitir escolher.

136 QUARTO DIA

Meditação das duas bandeiras: uma de Cristo, Sumo Capitão e Senhor Nosso, a outra de Lúcifer, inimigo mortal de nossa natureza humana

Oração
Oração preparatória habitual.

137 Primeiro preâmbulo
É a história: Cristo chama e quer a todos sob a sua bandeira. Em contrapartida, Lúcifer os quer debaixo da sua.

138 Segundo preâmbulo
Composição do lugar. Ver um grande campo de toda a região de Jerusalém, onde o sumo capitão general dos

bons é Cristo, nosso Senhor. Outro campo, na região da Babilônia, onde o caudilho dos inimigos é Lúcifer.

Terceiro preâmbulo

139

Pedir o que quero: o conhecimento dos enganos do mau caudilho e ajuda para me defender deles. Peço também conhecimento da vida verdadeira que revela o Sumo e verdadeiro capitão, com a graça para imitá-lo.

PRIMEIRA PARTE

Primeiro ponto

140

Imaginar o caudilho de todos os inimigos naquele grande campo da Babilônia, como se estivesse sentado em um grande trono de fogo e fumo, em uma figura horrível e espantosa.

Segundo ponto

141

Considerar como convoca inúmeros demônios e os espalha, em uma e em outra cidade, e assim por todo o mundo, sem se esquecer de nenhuma província, nenhum lugar, nenhum estado de vida nem pessoa alguma em particular.

142   **TERCEIRO PONTO**

Considerar o discurso que ele faz. Como os aconselha a lançar redes e correntes. Primeiro, vão ser tentados com a cobiça, as riquezas, como de costume, para que cheguem à honra vã do mundo e, depois, à grande soberba. Desse modo, o primeiro grau de tentação é o de riquezas; o segundo, de honra; o terceiro, de soberba, e esses três graus induzem a todos os outros vícios.

143   Do mesmo modo, ao contrário, deve imaginar o sumo e verdadeiro capitão, que é Cristo Nosso Senhor.

SEGUNDA PARTE

144   **PRIMEIRO PONTO**

Imaginar como Cristo se coloca em uma grande planície daquela região de Jerusalém, em lugar humilde, formoso e gracioso.

145   **SEGUNDO PONTO**

Considerar como o Senhor do mundo inteiro escolhe tantas pessoas, apóstolos, discípulos etc., e como os envia por todo o mundo, espalhando sua sagrada doutrina por todos a pessoas de todos os estados e condições.

Terceiro ponto

146

Considerar o discurso que Nosso Senhor dirige a todos os seus servos e amigos que envia nessa jornada. Ele recomenda que ajudem a todos, levando-os primeiro à extrema pobreza espiritual, e não menos à pobreza corporal, se sua divina majestade os quiser eleger para esse estado. Segundo, ao desejo de desonras e desprezos, porque dessas duas coisas nasce a humildade. Há, desse modo, três graus: o primeiro, pobreza contra riqueza; o segundo, desonra ou desprezo opostos à honra mundana; o terceiro, a humildade em oposição à soberba. E por esses três graus os homens são levados a todas as outras virtudes.

Primeiro colóquio

147

Um colóquio com Nossa Senhora para que a graça de seu filho e Senhor me alcance, a fim de ser recebido debaixo de sua bandeira: 1) em suma pobreza espiritual, e, se Sua Divina Majestade me escolher, também em pobreza corporal, se Deus quiser me escolher e receber. 2) sofrer desonras e injúrias para imitá-lo ainda mais, contanto que eu possa passar por isso sem pecado de nenhuma pessoa nem desprazer de sua divina Majestade. Depois disso, uma Ave-Maria.

Segundo colóquio

Pedir a mesma graça ao Filho, para que me leve ao Pai. Depois rezar Alma de Cristo.

Terceiro colóquio

Pedir a mesma graça ao Pai, para que ele a conceda para mim. Rezar um Pai-Nosso.

148

Nota

Esse exercício será feito à meia-noite e, depois, outra vez pela manhã. Serão feitas duas repetições deste mesmo exercício à hora da missa e à hora das vésperas, sempre acabando com os três colóquios à Nossa Senhora, ao Filho e ao Pai.

O exercício seguinte, das três classes de homens, deve ser feito uma hora antes do jantar.

149 NO MESMO QUARTO DIA SE FAÇA MEDITAÇÃO DA PARÁBOLA DAS TRÊS CLASSES DE HOMENS PARA ABRAÇAR O QUE É MELHOR

Oração preparatória habitual

Primeiro preâmbulo

150

É a história das três classes de homens. Cada um deles adquiriu dez mil ducados não pura ou devidamente por amor de Deus. Todos eles querem se salvar e encontrar a Deus nosso Senhor em paz, tirando de si o peso e impedimento que têm na afeição à quantia adquirida.

Segundo preâmbulo

151

Composição do lugar. Ver a mim mesmo, como estou diante de Deus Nosso Senhor e de todos os seus santos, para desejar e conhecer o que for mais agradável à sua divina Bondade.

Terceiro preâmbulo

152

Pedir o que quero, a graça para escolher o que for para maior glória de Sua Divina Majestade e salvação da minha alma.

153

A primeira classe queria tirar o afeto que tem pela coisa adquirida, para encontrar em paz a Deus Nosso Senhor, e assim poder se salvar. Mas não emprega ação nenhuma até a hora da morte.

154 **A segunda classe** quer acabar com esse apego, mas preservar consigo a coisa adquirida, de maneira que Deus se conforma com o que ela quer, e resolve não abandonar o que possui para ir a Deus, ainda que fosse o melhor estado para ela.

155 **A terceira classe** quer também se livrar do apego, e quer tanto que não se importa em ter a quantia adquirida ou não, mas quer somente guardá-la segundo o que Deus Nosso senhor lhe der e segundo o que lhe parecer melhor para serviço e louvor de Sua Divina Majestade. Entretanto, quer prestar contas de tudo o que abandona verdadeiramente, esforçando-se em não desejar aquilo nem coisa alguma sé não for somente a serviço de Deus. de maneira que o desejo de melhor poder servir a Nosso Senhor a mova a ficar com esse dinheiro ou deixá-lo.

156 Três colóquios

Fazer os mesmos três colóquios feitos na contemplação anterior das duas bandeiras [147].

157 Nota

É de notar que, quando sentimos afeto ou repugnância contra a pobreza atual, quando não somos indiferentes à pobreza ou riqueza, é muito útil para extinguir tal desejo desordenado, pedir nos colóquios (apesar da rejeição) que o Senhor o escolha para a pobreza corporal. Que assim o queira, peça e suplique, contanto que seja somente para serviço e louvor de sua divina Bondade.

QUINTO DIA 158

Contemplação da partida de Cristo nosso Senhor de Nazaré até o Rio Jordão e seu batismo [273].

Primeira nota 159

Esta contemplação será feita pela primeira vez à meia-noite e a segunda, pela manhã. Serão feitas depois duas repetições, uma à hora da missa e outra à hora das vésperas. Antes do jantar, aplicar os cinco sentidos.

Antes de cada um desses cinco exercícios, a oração preparatória deve ser feita como de costume, e os três preâmbulos devem ser feitos como mencionado na contemplação da Encarnação [102] e do Nascimento [105]. Acabar com os três colóquios como nas três classes [156], observando a nota após aquele exercício [157].

160 SEGUNDA NOTA

O exame particular, depois do almoço e do jantar, será feito sobre as faltas e negligências nos exercícios e adições deste dia, e assim também nos próximos dias.

161 SEXTO DIA

Contemplação do nosso Senhor indo do Jordão ao deserto inclusive [274]

Fazer tudo da mesma forma que o quinto dia.

SÉTIMO DIA

Santo André e outros seguiram a Cristo nosso Senhor [275]

OITAVO DIA

O sermão da montanha

As oito bem-aventuranças [278]

NONO DIA

A aparição de Cristo nosso Senhor a seus discípulos sobre as ondas do mar [280]

DÉCIMO DIA

Pregação do Senhor no templo [288]

DÉCIMO PRIMEIRO

A ressurreição de Lázaro [285]

DÉCIMO SEGUNDO

O dia de Ramos [287]

162

Primeira nota

Nas contemplações desta segunda semana, conforme o tempo que cada um quiser dispor ou conforme o que for melhor, pode-se prolongar ou abreviar a semana.

Se for prolongar, reflita sobre os mistérios da visita de Nossa Senhora a Santa Isabel, os pastores, a circuncisão do menino Jesus e os três magos, e ainda outros.

Se abreviar, pode omitir esses itens, porque foi apenas para dar uma introdução e método, para depois contemplar melhor e mais completamente.

163   SEGUNDA NOTA

A matéria das eleições começará desde a contemplação de Nazaré ao Jordão, isto é, desde o quinto dia, conforme será apresentado a seguir.

164   TERCEIRA NOTA

Antes de entrar nas eleições, para o praticante se afeiçoar à verdadeira doutrina de Cristo Nosso Senhor, é muito útil considerar as seguintes três maneiras de humildade, refletir sobre elas, pouco a pouco, ao longo do dia, e fazer os colóquios, conforme descrito a seguir.

TRÊS MANEIRAS DE HUMILDADE

165   PRIMEIRA HUMILDADE

A primeira maneira de humildade é necessária para a salvação eterna.

Consiste em me rebaixar e humilhar o quanto possível para obedecer à Lei de Deus completamente. Ainda que me fizessem Senhor de todas as coisas criadas neste mundo, nem pela própria vida terrena eu pensaria em quebrar um mandamento divino ou humano que me leve ao pecado mortal.

SEGUNDA HUMILDADE

166

A segunda humildade é mais perfeita que a primeira. Consiste em um estado de indiferença, em que não me importa ter mais riqueza ou pobreza, honra ou desonra, vida mais longa ou curta, supondo que tudo isso seja de igual serviço e glória para Deus Nosso Senhor e de igual vantagem para a salvação de minha alma. E que assim, nem por tudo o que foi criado, nem que me tirassem a vida, eu venha a considerar cometer um pecado venial.

TERCEIRA HUMILDADE

167

É a humildade perfeitíssima. Inclui as duas primeiras, sendo igual o louvor e a glória da Divina Majestade. Eu quero e escolho antes pobreza com o Cristo pobre do que riqueza; desprezos com Cristo desprezado do que honras. E desejo mais ainda ser tido por vão e louco por Cristo, que primeiro foi tomado por tal, do que por sábio ou prudente neste mundo, para imitar e parecer mais em atos com Cristo Nosso Senhor.

NOTA

168

Assim, para quem deseja alcançar essa terceira humildade, é muito útil fazer os três colóquios da meditação das duas bandeiras [147], pedindo a Nosso Senhor que queira chamá-lo a essa terceira humildade, maior e melhor, para imitá-lo e servi-lo mais fielmente, se isso for igual ou maior serviço e louvor de Sua Divina Majestade.

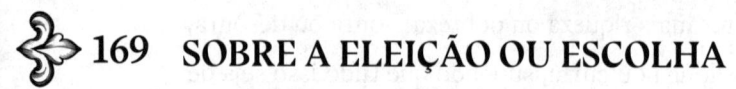

169 SOBRE A ELEIÇÃO OU ESCOLHA

Preâmbulo

Em toda boa eleição ou escolha, considerando o que depende de nós, nossa intenção deve ser simples, somente visando ao fim para o qual fui criado, a saber, para louvor de Deus nosso Senhor e a salvação da minha alma. E assim, qualquer que seja o objeto da minha eleição, deve ajudar-me a alcançar este fim, não ordenando nem trazendo o fim ao meio, mas o meio para o fim.

Acontece que muitos elegem primeiro se casar, o que é o meio, e, em segundo lugar, no casamento, servir a Deus Nosso Senhor, quando servir a Deus é o fim.

Do mesmo modo, há outros que primeiro querem ter benefícios eclesiásticos e depois servir a Deus neles. Essas pessoas não vão diretamente a Deus, mas querem que Deus venha diretamente às suas paixões desordenadas, e, por conseguinte, fazem do fim o meio, e do meio o fim, colocando em último lugar o que deveria ser colocado em primeiro. Porque o primeiro objetivo de nossas intenções deve ser servir a Deus, que é o fim, e, em segundo lugar, tomar um benefício ou casar-me, se mais me convém, que é o meio para o fim.

Desse modo, nenhum motivo deve me levar a escolher tais meios ou me privar deles, senão somente o serviço e louvor de Deus Nosso Senhor e a salvação eterna da minha alma.

ESCLARECIMENTO ACERCA DAS MATÉRIAS DE QUE SE DEVE FAZER ELEIÇÃO   170

Contém quatro pontos e uma nota.

Primeiro ponto

É necessário que todas as coisas das quais queremos fazer eleição sejam indiferentes ou boas entre si e conformes à santa Madre Igreja hierárquica, e não más ou contrárias a ela.

Segundo ponto   171

Há certas coisas que caem sob a eleição imutável, assim como são o sacerdócio, o matrimônio etc. Há outras que caem sob a eleição mutável, assim como aceitar ou renunciar a benefícios eclesiásticos ou a bens materiais.

172   **TERCEIRO PONTO**

Na eleição imutável, uma vez feita, não há mais o que escolher, porque é irrevogável, como o matrimônio, sacerdócio etc.

Note-se apenas que, se alguém não fez a eleição devida e ordenadamente, sem afeições desordenadas, deve, arrependido, procurar ter uma boa vida em sua eleição. Essa eleição não parece ser vocação divina, por ser uma escolha desordenada e oblíqua. Muitas pessoas erram nisso, tomando como vocação divina uma eleição oblíqua e defeituosa, porque toda vocação divina é sempre pura e limpa, sem mistura da carne nem de nenhuma paixão desordenada.

173   **QUARTO PONTO**

Se alguém, devida e ordenadamente, fez eleição de coisas que estão debaixo da eleição mutável, sem ceder à carne e ao mundo, não há razão para fazer uma nova escolha, mas aperfeiçoar-se o quanto puder naquela que escolheu.

174

Nota

É bom observar que, se tal eleição mutável não tiver sido feita de modo sincero e bem ordenado, então é útil fazer a eleição devidamente, se o praticante desejar produzir frutos notáveis e muito agradáveis a Deus nosso Senhor.

TRÊS TEMPOS EM QUE SE PODE FAZER UMA ESCOLHA SAUDÁVEL E BOA

175

Primeiro tempo

O primeiro tempo é aquele em que Deus nosso Senhor move e atrai a vontade de tal modo que, sem duvidar nem poder duvidar, tal alma devota segue o que lhe é mostrado. Assim como São Paulo e São Mateus fizeram ao seguirem a Cristo Nosso Senhor.

Segundo tempo

176

Quando se adquire clareza e conhecimento suficientes por meio de consolações e desolações, bem como experiência de discernimento de vários espíritos (313-336).

Terceiro tempo

177

O terceiro tempo é tranquilo. Considerando primeiro para que é nascido o homem, isto é, para louvar a Deus nosso Senhor e salvar a sua alma, e, desejando isso, escolhe, como meio, um gênero ou estado dentro dos limites da Igreja, a fim de ser ajudado no serviço a seu Senhor e salvação de sua alma.

Chamo tempo tranquilo quando a alma não é agitada por vários espíritos e usa de suas potências naturais livre e tranquilamente.

178 Se no primeiro ou no segundo tempo não se fez a eleição, seguem-se dois modos para fazê-la, conforme este terceiro tempo.

PRIMEIRO MODO PARA SE FAZER UMA BOA E SÃ ELEIÇÃO

Contém em si seis pontos.

Primeiro ponto

Propor diante de mim o objeto da eleição para acolher ou renunciar, como um emprego, benefício ou qualquer outra coisa no âmbito da eleição mutável.

Segundo ponto

179

É preciso ter como objetivo o fim para o qual fui criado, a saber, louvar a Deus nosso Senhor e salvar a minha alma. Com isso, devo achar-me indiferente e sem alguma afeição desordenada, de maneira que não esteja mais inclinado a escolher o objeto proposto senão a deixá-lo, ou mais a deixá-lo do que escolhê-lo, mas que me ache em equilíbrio fiel de uma balança, a fim de seguir aquilo que julgar ser para maior glória e louvor de Deus Nosso Senhor e salvação da minha alma.

Terceiro ponto

180

Pedir a Deus nosso Senhor para mudar minha vontade e colocar em minha alma o que devo fazer acerca do objeto proposto para que seja maior para seu louvor e glória, discorrendo bem e fielmente com meu entendimento e escolhendo conforme sua santíssima vontade e aprovação.

Quarto ponto

181

Considerar, raciocinando, quantas vantagens ou utilidades servem para mim ao aceitar o emprego ou benefício proposto, que seja somente para o louvor de Deus Nosso Senhor e a salvação da minha alma. Por outro lado, considerar da mesma maneira os inconvenientes e perigos que há em aceitá-lo.

Proceder da mesma maneira com relação à hipótese contrária, percebendo as vantagens ou utilidades, assim como os incômodos e perigos em não os aceitar.

182 QUINTO PONTO
Depois de assim ter discorrido e raciocinado sobre todas as partes do objeto proposto, examinar para qual lado mais se inclina a razão. Assim, atendendo mais à motivação racional, e não segundo qualquer inclinação emocional, fazer a escolha sobre o objeto proposto.

183 SEXTO PONTO
Feita tal eleição ou deliberação, a pessoa que a fez deve, com muita diligência, colocar-se em oração diante de Deus Nosso Senhor e apresentar diante dele a decisão tomada, para que Sua Divina Majestade queira recebê-la e confirmá-la, se ela for para seu maior serviço e louvor.

184 O SEGUNDO MODO PARA FAZER UMA ELEIÇÃO SÃ E BOA

Contém em si quatro regras e uma nota.

Primeira regra
Verificar se aquele amor que me move e me leva a escolher tal coisa vem do alto, do amor de Deus. De forma que quem ele elege sinta primeiro em si que aquele amor, maior ou menor, que tem pelo que escolheu é somente motivado pelo meu Criador e Senhor.

Segunda regra
Imaginar diante de mim um homem que nunca tenha visto nem conhecido e a quem desejo toda a perfeição. Considerar que conselho eu daria a ele que fizesse e escolhesse para maior glória de Deus Nosso Senhor e maior perfeição de sua alma. Que eu proceda da mesma maneira, tomando para mim a regra que coloquei para o outro.

185

Terceira regra
Considerar, como se estivesse no momento da morte, de que forma e maneira eu desejaria ter feito esta eleição. Farei, agora, regrando-me pelo que desejaria ter feito naquele momento.

186

Quarta regra
Observar e considerar como me encontrarei no dia do juízo final. Pensar o que eu gostaria então de ter feito acerca desse assunto. Que eu siga no presente a regra que

187

então queria ter seguido no passado, para que então possa estar naquele dia com prazer e gozo completos.

188 NOTA

Tomadas as regras citadas anteriormente para minha saúde e quietude eterna, farei a minha eleição e sacrifício a Deus Nosso Senhor, conforme o sexto ponto do primeiro modo de fazer a eleição [183].

189 PARA CORRIGIR E REFORMAR A PRÓPRIA VIDA E ESTADO

É bom observar acerca dos que ocupam cargo eclesiástico ou são casados (quer possuam muito bens materiais, quer não): quando não houver oportunidade ou pronta vontade para fazer a escolha das coisas que caem sob eleição mutável, é muito útil, em vez de fazer a eleição, indicar a maneira e o método para corrigir e reformar a própria vida e seu estado de cada um deles, a saber, colocando seu ser, sua vida e seu estado para glória e louvor de Deus Nosso Senhor e salvação de sua própria alma.

Para chegar a esse fim, deve-se, com muita consideração e reflexão sobre os exercícios e modos de eleger, conforme foi dito anteriormente, considerar que tipo de casa e família deve ter, como a deve reger e governar, como os deve ensinar com a palavra e exemplo. Da mesma maneira, de seus bens, quanto devem pegar para sua casa e família e quanto para distribuir aos pobres e em outras obras piedosas, não querendo nem buscando coisa alguma, senão, em tudo e por tudo, maior louvor e glória de Deus. Porque cada um deve pensar que, na vida espiritual, muito mais se aproveitará o quanto mais sair de seu próprio amor, querer e interesse.

ANOTAÇÕES

ANOTAÇÕES

TERCEIRA SEMANA

PRIMEIRO DIA 190

A primeira contemplação, à meia-noite, é como Cristo nosso Senhor foi desde a Betânia até Jerusalém para a última ceia [289].

Contém em si a oração preparatória, três preâmbulos, seis pontos e um colóquio.

Oração

A oração preparatória habitual.

191   **PRIMEIRO PREÂMBULO**

Relembrar a história. Aqui, devo lembrar como Cristo nosso Senhor enviou dois discípulos desde a Betânia até Jerusalém para prepararem a ceia. Como foi até lá, depois, com os outros discípulos. E como, depois de haver comido o cordeiro pascal e ceado, lavou os pés dos discípulos e deu a eles o seu Santíssimo Corpo e Sangue Precioso. E também como falou a eles, após Judas sair para vender o seu Senhor.

192   **SEGUNDO PREÂMBULO**

Composição de lugar. Considerar o caminho desde a Betânia até Jerusalém: se é largo, estreito, plano etc. Da mesma maneira, o lugar da ceia: se é grande, pequeno, se é disposto de uma maneira ou de outra.

193   **TERCEIRO PREÂMBULO**

Pedir o que quero. Pedir aqui dor, sentimento e confusão, porque é por meus pecados que vai o Senhor à Paixão.

194   **PRIMEIRO PONTO**

Ver as pessoas da ceia. Depois, refletindo comigo mesmo, procurar tirar algum proveito.

Segundo ponto

Ouvir o que falam e, da mesma maneira, tirar algum proveito disso.

Terceiro ponto

Observar o que fazem e tirar algum proveito disso.

195

Quarto ponto

Considerar o que Cristo nosso Senhor sofre ou quer sofrer em sua humanidade, segundo o que contemplo agora. Aqui, começar a esforçar-me com muito empenho em me doer, entristecer e chorar, e, assim, trabalhar nos outros pontos que se seguem.

196

Quinto ponto

Considerar como a Divindade se esconde e como poderia destruir seus inimigos, mas não o faz. Como deixa a sacratíssima humanidade sofrer tão cruelmente.

197

Sexto ponto

Considerar que Deus sofre por meus pecados e o que devo fazer e padecer por Ele.

198 Colóquio

Terminar com um colóquio a Cristo Nosso Senhor e, ao fim, um Pai-Nosso.

199 Nota

É preciso advertir, como em parte já está declarado, que nos colóquios devemos argumentar e pedir segundo a matéria proposta. A saber, conforme me acho tentado ou consolado, e conforme desejo adquirir uma virtude ou outra, conforme quero dispor de mim a uma parte ou a outra, conforme quero sentir dor ou alegria com o que contemplo, finalmente pedindo aquilo que mais eficazmente desejo acerca de algumas coisas particulares.

Dessa maneira, pode-se fazer um só colóquio a Cristo Nosso Senhor, ou, se a matéria ou devoção o comove, pode-se fazer três colóquios: um à Mãe, um ao Filho, outro ao Pai, como mencionado na segunda semana, na meditação das duas bandeiras com a nota que se segue às três classes (147 e 157).

200 **SEGUNDA CONTEMPLAÇÃO PELA MANHÃ SERÁ DESDE A CEIA AO HORTO, INCLUSIVE**

Oração preparatória habitual

Primeiro preâmbulo

201

A história. Lembrar como Cristo nosso Senhor desceu com os seus onze discípulos do monte Sião, de onde celebrou a ceia, para o vale de Josafá, deixando oito deles em uma parte do vale e os outros três em uma parte do horto; e, colocando-se em oração, suou **gotas de sangue**. Depois de orar ao Pai três vezes, despertou seus três discípulos. À sua voz, seus inimigos caíram, e Judas lhe deu o beijo da paz. São Pedro cortou a orelha de Malco, e Cristo a recolocou no lugar. Sendo preso como malfeitor, Jesus Cristo é levado pelo vale abaixo, e depois pela encosta acima para a casa de Anás.

Segundo preâmbulo

202

Ver o lugar. Aqui, considerar o caminho desde o monte Sião até o vale de Josafá, e da mesma maneira o jardim, sua largura, seu comprimento, sua extensão e sua configuração.

Terceiro preâmbulo

203

Pedir o que é próprio de pedir na Paixão: dor com Cristo sofredor, angústia com Cristo angustiado, lágrimas, compaixão interna de tanta pena que Cristo passou por mim.

INDICAÇÕES TÉCNICAS

204 PRIMEIRA NOTA

Nesta segunda contemplação, depois de realizada a oração preparatória com os três preâmbulos já mencionados, proceder da mesma forma, nos pontos e no colóquio, que se teve na primeira contemplação da ceia. À hora da missa e à das vésperas, são feitas duas repetições sobre a primeira e segunda contemplações e, depois, antes da ceia, outro exercício sobre as duas contemplações apresentadas, sempre antepondo a oração preparatória e os três preâmbulos, segundo a matéria proposta, da mesma forma que está dito e declarado na segunda semana [119, 159; cf. 72].

205 SEGUNDA NOTA

Conforme a idade, a disposição e o temperamento ajudem, a pessoa fará cinco exercícios ou menos por dia.

206 TERCEIRA NOTA

Nesta terceira semana, serão modificadas, em parte, a segunda e sexta adições [74, 78; cf. 130].

A segunda adição será: logo ao acordar, colocar diante de mim aonde vou e para que, resumindo um pouco a contemplação que quero fazer, de acordo com o mistério [74];

esforçando-me, enquanto me levanto e me visto, para me entristecer e sentir dor de tanta dor e tanto padecer de Cristo nosso Senhor.

A sexta adição será modificada, procurando não trazer à mente pensamentos alegres, ainda que bons e santos, como os de ressurreição e de glória, mas, antes, induzir a mim mesmo à dor e à pena e angústia, lembrando-me sempre dos trabalhos, dos cansaços e das dores que Cristo Nosso Senhor passou, desde o momento em que nasceu até o mistério da Paixão em que me encontro hoje [78, 130].

Quarta nota
207
O exame particular sobre os exercícios e adições presentes se fará assim como foi feito na semana passada [160].

SEGUNDO DIA
208
À meia-noite, a contemplação será desde o horto até a casa de Anás, inclusive [291]; e, pela manhã, da casa de Anás até a casa de Caifás, inclusive [292]; depois, as duas repetições e a aplicação dos sentidos, segundo o que já está dito [204].

TERCEIRO DIA

À meia-noite, da casa de Caifás até Pilatos, inclusive [293]; pela manhã, de Pilatos a Herodes, inclusive [294]; e depois as repetições e aplicação dos sentidos, da mesma maneira que já está mencionado [204].

QUARTO DIA

À meia-noite, de Herodes a Pilatos [295], fazendo e contemplando até a metade dos mistérios da mesma casa de Pilatos; e, depois, no exercício da manhã, os outros mistérios que ficaram da mesma casa, e as repetições e aplicação dos sentidos, como já mencionado [204].

QUINTO DIA

À meia-noite, da casa de Pilatos até ser pregado na cruz [296]; e pela manhã, desde que foi levantado na cruz até que expirou [297]; depois, as duas repetições e a aplicação dos sentidos [204].

SEXTO DIA

À meia-noite, desde o descimento da cruz até o sepulcro [298]; e pela manhã, desde o sepulcro até a casa para onde Nossa Senhora foi depois de seu filho ser sepultado.

SÉTIMO DIA

Contemplação de toda a Paixão, no exercício da meia-noite e da manhã; e, no lugar das duas repetições e aplicação dos sentidos, considerar todo aquele dia, o mais frequentemente que puder, como o corpo sacratíssimo de Cristo nosso Senhor ficou desatado e apartado da alma, e de onde e como foi sepultado. Do mesmo modo, considerando a soledade de Nossa Senhora com tanta dor e aflição; depois, por outro lado, a dos discípulos.

Nota

209

É digno de nota que, quem se quiser prolongar mais na Paixão, há de tomar, em cada contemplação [cf. 162], menos mistérios, a saber, na primeira contemplação, somente a ceia; na segunda, o lava-pés; na terceira, o dom do Sacramento da Eucaristia; na quarta, o sermão que Cristo fez a seus discípulos; e assim com outras contemplações e mistérios.

Do mesmo modo, depois de acabada a contemplação da Paixão, o praticante pode meditar um dia inteiro a metade de toda a Paixão; no segundo dia, a outra metade; e no terceiro dia, meditar sobre toda a Paixão.

Pelo contrário, quem quiser mais abreviar a Paixão, contemple, à meia-noite, a ceia; de manhã, o horto; à hora da missa, a casa de Anás; à hora de vésperas, a casa de Caifás; uma hora antes da ceia, a casa de Pilatos; de maneira que, não fazendo repetições nem aplicação dos sentidos, faça, cada dia, cinco exercícios distintos, e, em cada exercício distinto, distinto mistério de Cristo nosso Senhor; e depois de assim acabada toda a Paixão, pode fazer outro dia toda a Paixão, em um exercício ou em diversos, como lhe parecer melhor e mais proveitoso.

210 **Regras para ordenar a alimentação**

Primeira regra

Do pão convém abster-se menos, porque não é alimento sobre o qual o apetite se costuma tanto desordenar ou em que a tentação insista tanto como a outros manjares.

211
Segunda regra

Parece mais conveniente a abstinência da bebida do que no pão; portanto, deve considerar muito no que traz proveito e no que traz dano, para rejeitar o que é prejudicial.

212
Terceira regra

Nos alimentos, deve ter-se a maior e mais inteira abstinência, porque é mais fácil o apetite desordenar-se como tentação. Assim, a abstinência nos alimentos pode se dar de duas maneiras: ou habituando-se a comer alimentos simples ou, tratando-se de alimentos sofisticados, comê--los em pequena quantidade.

Quarta regra

213

Guardando-se de não cair em enfermidade, pois quanto mais uma pessoa tirar do conveniente, mais depressa alcançará a justa medida que deve ter em seu comer e beber, e isso por duas razões: **a primeira** porque, dispondo-se assim, muitas vezes sentirá mais a luz interior, as consolações e as divinas inspirações que irão lhe mostrar a justa medida que lhe convém; **a segunda** porque, se a pessoa na abstinência se vê sem tanta força corporal nem tanta disposição para os exercícios espirituais, facilmente virá a julgar o que mais lhe convém para o sustento de seu corpo.

Quinta regra

214

Enquanto a pessoa come, considere que vê Cristo a comer com seus apóstolos, como bebe, como olha, como fala; e procure imitá-lo. De maneira que a parte principal do entendimento se ocupe na consideração de nosso Senhor e menos se concentre no sustento corporal, para que assim alcance maior equilíbrio e ordem sobre a maneira de se comportar à mesa.

215   SEXTA REGRA

Outras vezes, enquanto come, pode tomar outra consideração, ou da vida de santos, de alguma contemplação piedosa, ou de algum assunto espiritual que tenha de tratar. Porque, estando a atenção fixa nesses pensamentos, verá menos sentido no prazer do alimento corporal.

216   SÉTIMA REGRA

Deve-se colocar atenção, sobretudo, no que está o seu espírito, não apenas no que come nem em comer apressado pelo apetite, mas para que seja senhor de si, tanto na maneira de comer como na quantidade do que come.

217   OITAVA REGRA

Para corrigir essa desordem, é importante que, depois do almoço, do jantar ou em outros intervalos, a pessoa não sinta apetite. Determine consigo mesmo, para o almoço ou para o jantar, a quantidade que lhe convém e não a ultrapasse, por nenhum apetite nem tentação. Para vencer qualquer apetite desordenado e tentação do inimigo, se for tentado a comer mais, coma menos.

ANOTAÇÕES

ANOTAÇÕES

ANOTAÇÕES

QUARTA SEMANA

CONTEMPLAÇÃO DA RESSURREIÇÃO

Aparição por aparição

Primeira contemplação, como Cristo nosso Senhor apareceu a Nossa Senhora [299].   218

Oração preparatória habitual [46].

Primeiro preâmbulo   219
É a história: lembrar-se de como, depois que Cristo expirou na cruz, o corpo ficou separado da alma e com ele sempre unida à divindade. A alma bem-aventurada desceu aos infernos, também unida com a divindade, de onde tirou as almas justas, e veio ao sepulcro, e, ressuscitado, apareceu à Sua bendita Mãe, em corpo e alma.

220   SEGUNDO PREÂMBULO

Composição, ver o lugar, ver a disposição do santo sepulcro e o lugar ou a casa de nossa Senhora, observando as suas diversas partes, em particular; como o quarto, oratório etc.

221   TERCEIRO PREÂMBULO

Pedir o que quero; e será aqui pedir graça para me alegrar intensamente de tanta glória e gozo de Cristo nosso Senhor.

222   O **primeiro**, **segundo** e **terceiro pontos** são os mesmos que tivemos na Ceia de Cristo nosso Senhor [194].

223   **Quarto ponto**: considerar como a divindade, que parecia esconder-se na Paixão, aparece e se mostra agora tão milagrosamente na Ressurreição por seus verdadeiros e santíssimos efeitos.

224   **Quinto ponto**, reparar no ofício de consolar que Cristo nosso Senhor traz e compará-lo com o modo como os amigos se costumam consolar uns aos outros [54].

225   Terminar com um colóquio ou colóquios, segundo a matéria proposta, e rezar um Pai-Nosso.

INDICAÇÕES TÉCNICAS:

PRIMEIRA NOTA

226

Nas contemplações seguintes, da Ressurreição à Ascensão inclusive, proceda-se em todos os mistérios [299-312], da maneira como se segue [226, 3-4]. No restante, seguir em toda a semana da ressurreição da mesma forma e maneira de proceder que se observou em toda a semana da Paixão. Desse modo, por essa primeira contemplação da Ressurreição, proceda em relação aos preâmbulos conforme a matéria proposta. Também deve-se seguir o mesmo procedimento quanto aos cinco pontos e as adições [229]. Assim, todos os exercícios [227] podem regular-se pela maneira de fazer da semana da Paixão. Por exemplo, nas repetições e nas aplicações dos sentidos, é possível encurtar ou alargar os mistérios etc. [204,2; 205; 208-209].

SEGUNDA NOTA

227

Geralmente, nesta quarta semana, é mais conveniente fazer quatro exercícios, e não cinco. O primeiro, logo ao se levantar, pela manhã; o segundo, à hora da Missa ou antes do almoço; o terceiro, à hora de Vésperas; o quarto, antes do jantar, aplicando os cinco sentidos sobre os três exercícios do mesmo dia, **anotando e fazendo pausa** nas partes mais importantes e onde haja sentido maiores moções e gostos espirituais.

228   TERCEIRA NOTA

Ainda que em todas as contemplações se deram pontos em determinado número, por exemplo três ou cinco, a pessoa que contempla pode tomar mais ou menos pontos, como melhor achar. Será muito útil que, antes de entrar na contemplação, o praticante preveja e determine os pontos que deve percorrer.

229   QUARTA NOTA

Nesta quarta semana, de todas as dez adições, serão mudadas a segunda, a sexta, a sétima e a décima.

A segunda será logo ao despertar, pôr diante de mim a contemplação que tenho de fazer, querendo me sensibilizar e alegrar na alegria de Cristo nosso Senhor [221].

A sexta, recordar e pensar em coisas que causem prazer, alegria e gozo espiritual, como a glória divina.

A sétima, usar de claridade e de temperaturas agradáveis, como, no verão, de refrescância; e, no inverno, sol ou calor, à medida que a alma pensa ou conjectura que isso pode ajudá-la a se alegrar em seu Criador e Redentor.

A décima, em vez da penitência, observe a temperança e a justa medida em tudo, a não ser em preceitos de jejuns ou abstinências que a Igreja mande; porque estes sempre devem ser cumpridos, se não houver impedimento.

CONTEMPLAÇÃO PARA ALCANÇAR AMOR

230

Nota: primeiramente, convém atender a duas coisas:

A primeira é que o amor se deve pôr mais nas obras que nas palavras.

A segunda é que o amor consiste na comunicação recíproca, a saber, a pessoa que ama dá e comunica à pessoa amada o que tem ou pode dar, e vice-versa, de maneira que, se um tem conhecimento, que o dê ao que não tem, e do mesmo modo quanto a honras ou riquezas; e assim em tudo mutuamente.

231

Oração habitual [46].

232   **Primeiro preâmbulo** é a composição do lugar, ver como estou diante de Deus nosso Senhor, dos anjos e dos santos que intercedem por mim.

233   **Segundo preâmbulo:** pedir o que quero; pedir conhecimento interno de tanto bem recebido para que eu, reconhecendo-o inteiramente, possa em tudo amar e servir a Deus.

234   O **primeiro ponto** é recordar os benefícios recebidos de criação, redenção e os dons particulares, ponderando, com muito afeto, quanto Deus nosso Senhor tem feito por mim e quanto me tem dado do que tem; consequentemente, o mesmo Senhor deseja dar-se a mim em tudo quanto pode, segundo seu desejo. Depois disso, devo refletir e considerar, com muita razão e justiça, o que eu devo oferecer a sua divina majestade, a saber, todas as minhas coisas e a mim mesmo com elas, como quem oferece com muito afeto: tomai, Senhor, e recebei toda a minha liberdade, a minha memória, o meu entendimento e toda a minha vontade; tudo o que tenho e possuo Vós me destes com amor; todos os dons que me destes com gratidão vos devolvo. Disponde deles, Senhor, segundo a vossa vontade. Dai-me somente o vosso amor e a vossa graça, pois isso me basta.

235 O **segundo ponto**, considerar como Deus habita nas criaturas: nos elementos dando-lhes o ser, nas plantas o vegetar, nos animais o sentir, nos homens o entender; e, assim, em mim dando-me ser, vida, sentidos e fazendo-me entender. E também como faz de mim seu templo, sendo eu criado à semelhança e imagem de sua divina majestade. Fazer uma reflexão igualmente em mim mesmo, pelo modo que está dito no primeiro ponto ou por outro que julgue melhor. Da mesma maneira se fará sobre cada ponto que segue.

236 O **terceiro ponto**, considerar como Deus trabalha e opera por mim em todas as coisas criadas sobre a face da terra, isto é, procede à semelhança de quem trabalha. Por exemplo, nos céus, nos elementos, nas plantas, nos frutos, nos animais etc., dando-lhes ser, conservação, vegetação e sensação. Depois, refletir sobre isso tomando a mim como exemplo.

237 O **quarto ponto**, atender como todos os bens e dons descem do alto, por exemplo, como o meu limitado poder vem do sumo e infinito poder do alto, assim como a justiça, a bondade, a piedade, a misericórdia etc., tal como do sol descem os raios, da fonte as águas etc. Depois, finalizar com uma reflexão sobre si mesmo.

Terminar com um colóquio e um Pai-nosso

238 TRÊS MODOS DE ORAR

Primeiro modo de orar sobre mandamentos e outros

A primeira maneira de orar é sobre os dez mandamentos e os sete pecados mortais ou capitais, as três potências da alma e os cinco sentidos corporais. Essa maneira de orar consiste mais em dar forma, método e exercícios do que determinar uma fórmula para que a alma se prepare e tire proveito e para que a oração seja aceita.

239

Primeiramente, faça-se o equivalente à segunda adição da segunda semana [131; 130,2; 75], a saber, antes de entrar na oração, repouse um pouco o espírito, sentando-se ou andando, como melhor lhe parecer, considerando aonde vou e para quê. Essa mesma adição se fará ao princípio de todos os modos de orar [250, 258].

240

Em seguida, uma oração preparatória: por exemplo, pedir graça a Deus Nosso Senhor para que possa conhecer em que faltei aos dez mandamentos e também pedir graça e ajuda para me corrigir no futuro, pedindo perfeita inteligência de seus preceitos, para melhor guardá-los e para maior glória e louvor de sua divina Majestade.

241 Para o primeiro modo de orar, convém considerar e pensar, no primeiro mandamento, como o tenho guardado e em que tenho faltado. Como norma, vou demorar nessa consideração o tempo de três Pai-Nossos e três Ave-Marias. Se nesse tempo acho minhas faltas, peço perdão e rezo um Pai-Nosso. Proceder dessa mesma maneira em cada um dos dez Mandamentos.

Primeira nota

242 Se uma pessoa pensa em um mandamento no qual acha que não tem hábito nenhum de pecar, não é necessário que se detenha tanto tempo. Entretanto, caso pense que tropeça mais ou menos num mandamento, deve deter-se mais ou menos em sua consideração e em seu exame. O mesmo deve se observar nos pecados mortais.

Segunda nota

243 Depois de terminar a reflexão, como já foi dito, sobre todos os Mandamentos, acusando-se neles e pedindo graça e ajuda para se emendar no futuro, deve-se finalizar com um colóquio a Deus nosso Senhor, conforme a matéria proposta [257].

244 **Sobre os pecados mortais ou capitais: sobre os sete pecados mortais [238] (Veja Apêndice 2)**

Depois da adição [239], fazer a oração preparatória pela maneira já indicada [240], mudando só a matéria que aqui é de pecados que devem ser evitados e antes era de mandamentos que se devem guardar. Guarde igualmente a ordem e a regra já indicadas e o colóquio [241-243].

245 Nota

Para melhor conhecer as faltas cometidas nos pecados mortais, considerem-se os seus contrários. Assim, para melhor evitá-los, a pessoa deve propor e procurar, com santos exercícios, adquirir e ter as sete virtudes a eles contrárias (ver Apêndice 2).

246 Sobre as potências da alma

Nas três potências da alma, observe-se a mesma ordem e regra que nos mandamentos, fazendo a adição, a oração preparatória e o colóquio [239-243].

SOBRE OS CINCO SENTIDOS CORPORAIS 247

Nos cinco sentidos corporais teremos sempre a mesma ordem, mudando-se a matéria.

NOTA 248

Quem quer imitar, no uso de seus sentidos, a Cristo Nosso Senhor, reze a oração preparatória à sua Divina Majestade e, depois de ter considerado em cada sentido, diga uma Ave-Maria ou um Pai-Nosso.

Quem quiser imitar, no uso dos sentidos, Nossa Senhora, na oração preparatória, pedir a ela para que lhe alcance a graça de seu Filho e Senhor para isso e, depois de ter feito o exame em cada sentido, reze uma Ave Maria.

SEGUNDO MODO DE ORAR 249

Contemplar a significação de cada palavra da oração

A mesma adição que se fez no primeiro modo [239], se fará neste segundo. 250

A oração preparatória [240] deve ser feita conforme a pessoa a quem se dirige a oração. 251

252 O **segundo modo** de orar é que a pessoa, estando de joelhos ou sentada, conforme ache melhor disposição e encontre mais devoção, tendo os olhos fechados ou fixos num lugar, sem andar vagueando com eles, diga: "Pai". E se detenha nessa palavra tanto tempo quanto ache significações, comparações, gostos e consolação em considerações pertinentes a essa palavra. E faça da mesma maneira em cada palavra do Pai-Nosso ou de qualquer outra oração que quiser orar.

253 **Primeira regra** é que estará, da maneira já dita, uma hora em todo o Pai-Nosso. Acabado este, dirá uma Ave-Maria, um Credo, uma Alma de Cristo e uma Salve Rainha, vocal ou mentalmente, segundo a maneira habitual.

254 **Segunda regra** é que, se a pessoa que contempla o Pai-Nosso encontrar, numa palavra ou em duas, boa matéria para pensar e gosto e consolação, não se preocupe em passar adiante, ainda que se acabe a hora naquilo que acha [76,3]. Terminada, dirá o resto do Pai-Nosso da maneira habitual.

255 **Terceira regra** é que, se numa palavra ou duas do Pai-Nosso se detiver durante uma hora inteira, noutro dia, quando quiser voltar à oração, diga a palavra ou palavras já oradas, conforme costuma, e comece a contemplar na palavra que se segue imediatamente, como mencionado na segunda regra [254].

Primeira nota. É válido advertir que, acabado o Pai Nosso, em um ou em muitos dias, há de se fazer o mesmo com a Ave-Maria e, depois, com as outras orações, de forma que, por um certo tempo, sempre se exercite numa delas.

256

Segunda nota é que, acabada a oração, dirigindo-se, em poucas palavras, à pessoa a quem orou, peça-lhe as virtudes ou graças de que julga ter mais necessidade.

257

TERCEIRO MODO DE ORAR

258

Por compasso de respiração.

A adição será a mesma que no primeiro e segundo modos de orar [239, 250], e a oração preparatória será como no segundo modo de orar [251, 240].

O terceiro modo consiste em orar mentalmente, dizendo uma palavra do Pai-Nosso a cada respiração. Pode ser aplicada a outra oração que se reze, de maneira que se diga uma só palavra entre uma respiração e outra; e, durante o tempo de uma respiração a outra, coloque-se a atenção principalmente ao significado dessa palavra, ou à pessoa a quem se dirige, ou à sua própria indignidade, ou à diferença entre tanta grandeza divina e tanta baixeza própria; com a mesma forma e regra procederá nas outras palavras do Pai-Nosso; e as outras orações, a saber, Ave-Maria, Alma de Cristo, Credo e Salve Rainha, rezará como de costume.

259

Primeira regra

No dia seguinte, ou em outra hora que quiser orar, rezar a Ave-Maria compassadamente e também as outras orações, como de costume, e assim proceder nas outras orações.

260

Segunda regra

Quem quiser se deter mais na oração por compasso, pode rezar todas as orações ou parte delas, seguindo a mesma maneira da respiração, como foi explicado [258].

ANOTAÇÕES

ANOTAÇÕES

ANOTAÇÕES

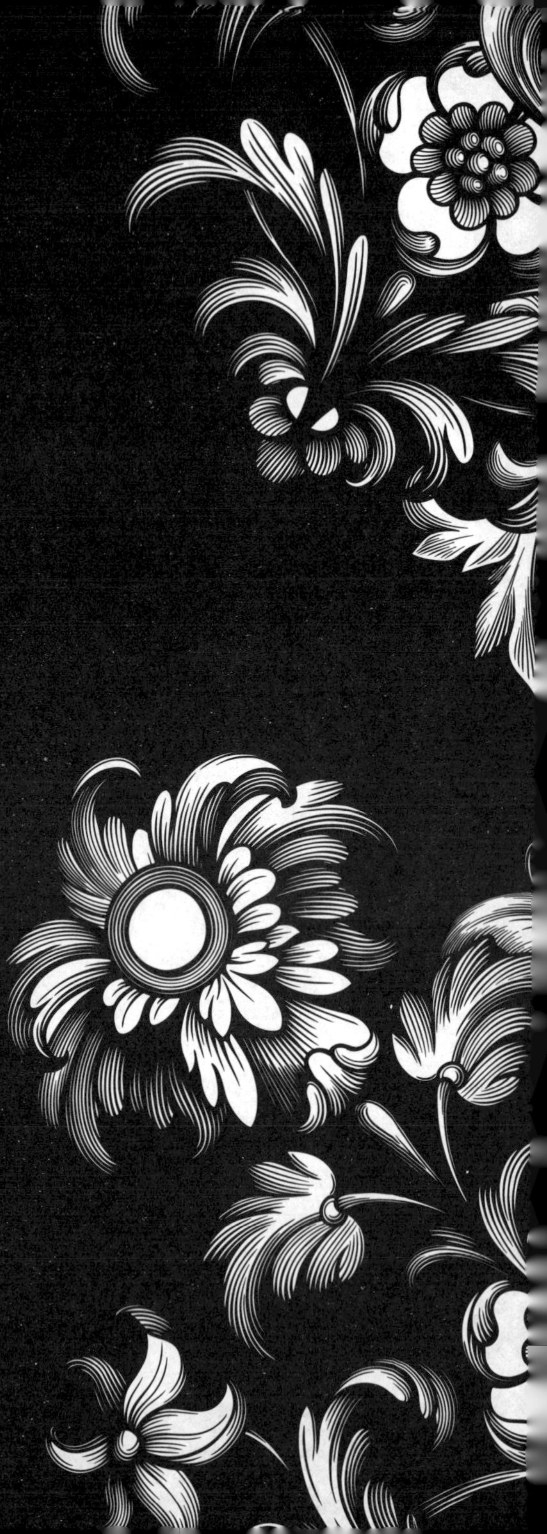

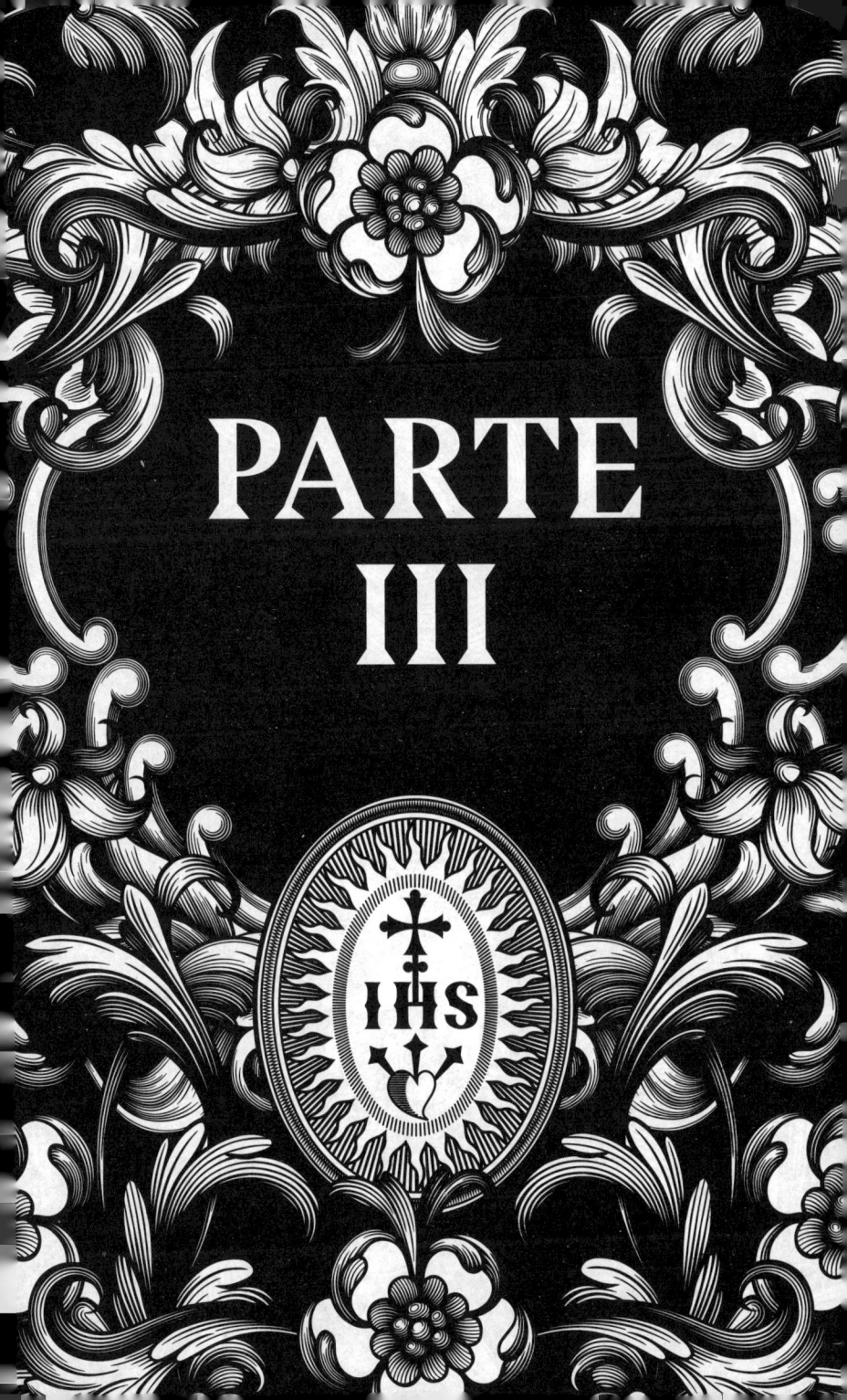

PARTE III

MISTÉRIOS DA VIDA DE CRISTO NOSSO SENHOR

Nota

Em todos os mistérios seguintes, as palavras aspas são do próprio Evangelho. A maior parte dos mistérios são assinalados por três pontos para facilitar a meditação e a contemplação.

262 ANUNCIAÇÃO DE NOSSA SENHORA

Lucas 1,26-38
[Lc 1,28.31.36.38]

Primeiro ponto: o anjo S. Gabriel, saudando Nossa Senhora, anunciou a concepção de Cristo Nosso Senhor. "Entrando o anjo onde estava Maria, saudou-a dizendo-lhe: Ave, cheia de graça; conceberás em teu ventre e darás à luz um filho".

Segundo ponto: o anjo confirma o que disse a Nossa Senhora, dando como sinal a concepção de S. João Batista, dizendo-lhe: "E olha que Isabel, tua parenta, concebeu um filho em sua velhice".

Terceiro ponto: nossa Senhora respondeu ao anjo: "Eis aqui a serva do Senhor, cumpra-se tudo em mim segundo a tua palavra".

263 VISITAÇÃO DE NOSSA SENHORA À SUA PRIMA ISABEL

Lucas 1,39-56
[Lc 1,41-42.46-55.56]

Primeiro. Quando Nossa Senhora visitou Isabel, São João Batista, no ventre de sua mãe, sentiu sua presença. "Ao ouvir Isabel a saudação de Nossa Senhora alegrou-se o menino no seu seio; e, cheia do Espírito Santo, Isabel exclamou com um grande brado e disse: Bendita sejas tu entre as mulheres, e bendito seja o fruto do teu ventre".

Segundo. Nossa Senhora entoa um cântico, que diz: "A minha alma engrandece o Senhor".

Terceiro. "Maria ficou com Isabel quase três meses e, depois, regressou a sua casa".

NASCIMENTO DE CRISTO NOSSO SENHOR.

264

Lucas 2,1-14

[Lc 2,4-5.7.13-14]

Primeiro. Nossa Senhora e seu esposo José vão de Nazaré a Belém: "Subiu José, de Galileia a Belém, para reconhecer a sujeição a César, com Maria, sua esposa e mulher já grávida".

Segundo. "Deu à luz seu Filho primogênito e envolveu-o com panos e pô-lo no presépio".

Terceiro. "Apareceu uma multidão do exército celestial que dizia: Glória a Deus nas alturas".

265 OS PASTORES

Lucas 2,15-20
[Lc 2,10-11.16.20]

Primeiro. O nascimento de Cristo nosso Senhor manifesta-se aos pastores pelo anjo: "Anuncio-vos uma grande alegria, porque hoje nasceu o Salvador do mundo".

Segundo. Os pastores vão a Belém: "Vieram com pressa e acharam Maria, José e o Menino posto no presépio".

Terceiro. "Regressaram os pastores, glorificando e louvando ao Senhor".

266 A CIRCUNCISÃO

Lucas 2,21
[Lc 2,21]

Primeiro. Circuncidaram o Menino Jesus.

Segundo. "Foi-lhe posto o nome de Jesus, como lhe tinha chamado o Anjo, antes que fosse concebido no ventre materno".

Terceiro. Restituem o Menino a sua Mãe, que sentiu compaixão pelo sangue que saía de seu filho.

OS TRÊS REIS MAGOS

267

Mateus 2,1-12
[Mt 2,2b.11b-c.12]

Primeiro. Os três reis magos, guiados pela estrela, vieram adorar a Jesus, dizendo: "Vimos a sua estrela no Oriente e viemos adorá-lo".

Segundo. Adoraram-no e ofereceram-lhe presentes: "Prostrando-se por terra, adoraram-no e ofereceram-lhe presentes: ouro, incenso e mirra".

Terceiro. "Enquanto dormiam, receberam aviso que não voltassem a Herodes; e, por outro caminho, regressaram à sua região".

268   PURIFICAÇÃO DE NOSSA SENHORA E APRESENTAÇÃO DO MENINO JESUS

Lucas 2,21-40
[Lc 2,22-24.27-29.38]

Primeiro. Trazem o Menino Jesus ao templo para ser apresentado ao Senhor como primogênito e oferecem por ele "um par de rolas ou dois pombinhos".

Segundo. Simeão, vindo ao Templo, "tomou-o em seus braços", dizendo: "Agora, Senhor, deixa partir o teu servo em paz".

Terceiro. Ana, "vindo depois, aclamava o Senhor e falava dele a todos os que esperavam a redenção de Israel".

269   A FUGA PARA O EGITO

Mateus 2,13-18
[Mt 2,13.14.15a.16]

Primeiro. Herodes queria matar o Menino Jesus, e assim matou todos os inocentes. Entretanto, antes da morte deles, o anjo avisou a José que fugisse para o Egito:

"Levanta-te e toma o Menino e a sua Mãe, e foge para o Egito".

Segundo. Partiu para o Egito: "e, ele, levantando-se, de noite, partiu para o Egito".

Terceiro. "E esteve lá até à morte de Herodes".

COMO CRISTO NOSSO SENHOR VOLTOU DO EGITO

270

Mateus 2,19-23
[Mt 2,19b-20.21.22-23]

Primeiro. O anjo avisa José para que volte a Israel: "Levanta-te e toma o Menino e sua Mãe e vai para a terra de Israel".

Segundo. "Levantando-se, veio para a terra de Israel".

Terceiro. Retirou-se para Nazaré, porque Arquelau, filho de Herodes, reinava na Judeia.

271 A VIDA DE CRISTO NOSSO SENHOR DESDE OS 12 ATÉ AOS 30 ANOS

Lucas 2,50-52

[Lc 2,51-52; Mc 6,2b-3]

Primeiro. Era obediente a seus pais. "Progredia em sabedoria, idade e graça".

Segundo. Parece que exercia a arte de carpinteiro, como parece indicar Marcos no capítulo sexto: "Porventura não é este o carpinteiro?".

272 A IDA DE CRISTO AO TEMPLO, AOS 12 ANOS

Lucas 2,41-50

[Lc 2,42.43b.46.48.49b]

Primeiro. Cristo Nosso Senhor, aos doze anos de idade, subiu de Nazaré a Jerusalém.

Segundo. Cristo nosso Senhor ficou em Jerusalém sem que seus pais soubessem.

Terceiro. Passados três dias, acharam-no no templo, sentado e discutindo no meio de doutores. Seus pais lhe perguntaram onde tinha estado, e ele respondeu: "Não sabeis que me convém estar nas coisas que são de meu Pai?".

COMO CRISTO FOI BATIZADO 273

Mateus 3,13-17
[Mc 1,9; Mt 3,13 — Mc 1,9b; Mt 3,14-15 — Mt 3,16-17; Mc 1,10-11]

Primeiro. Cristo, nosso Senhor, depois de ter se despedido de sua bendita Mãe, veio de Nazaré até o rio Jordão, onde estava João Batista.

Segundo. S. João batizou Cristo Nosso Senhor, mas, querendo se escusar, considerou-se indigno de batizá-lo. Disse-lhe Cristo: 'Faz isto, por agora, porque assim é necessário que cumpramos toda a justiça".

Terceiro. Veio o Espírito Santo e a voz do Pai desceu do céu, afirmando: "Este é meu Filho amado, do qual estou muito satisfeito".

274 COMO CRISTO FOI TENTADO

Lucas 4,1-13; Mateus 4,1-11

[Lc 4,1-2b; Mt 4,1-2 — Lc 4,3; Mt 4,6,9 — Mt 4,11b]

Primeiro. Depois de ter sido batizado, foi ao deserto, onde jejuou quarenta dias e quarenta noites.

Segundo. Foi tentado pelo inimigo três vezes: "Chegando-se a ele, o tentador disse-lhe: Se tu és o Filho de Deus, manda que estas pedras se tornem em pão; deita-te daqui abaixo; tudo isto que vês te darei se, prostrado em terra, me adorares".

Terceiro. "Vieram os anjos e serviram-no".

275 CHAMAMENTO DOS APÓSTOLOS.

[*Vita Christi*; Jo 1,43; Mt 9,9; *Vita Christi*]

Primeiro. Três vezes parecem ter sido chamados Pedro e André. A primeira a um certo conhecimento de Jesus. O que consta por João no capítulo 1 [Jo 1,35-42]. A segunda, a seguirem de alguma forma a Cristo, com intenção de voltarem a possuir o que tinham deixado, como diz Lucas no capítulo 5 [Lc 5,1-11.27-32]. A terceira, por fim, a seguirem para sempre a Cristo Nosso Senhor [Mt 4,18-20 e Mc 1,16-20].

Segundo. Chamou Filipe [Jo 1,43-44] e Mateus [Mt 9,9].

Terceiro. Chamou os outros apóstolos, de cuja vocação especial não faz menção o evangelho. Também três coisas devem ser consideradas: **a primeira**, como os apóstolos eram de rude e baixa condição; **a segunda**, a dignidade à qual foram tão suavemente chamados; **a terceira**, os dons e graças pelos quais foram elevados acima de todos os Pais do Novo e Antigo Testamento.

O PRIMEIRO MILAGRE DE JESUS REALIZADO NAS BODAS DE CANÁ DA GALILEIA

276

João 2,1-12
[Jo 2,2.3.5.7.8.11]

Primeiro. Cristo nosso Senhor e seus discípulos foram convidados para o casamento.

Segundo. A Mãe declara ao Filho a falta de vinho, dizendo: "não têm vinho"; e mandou aos serventes: "Fazei tudo o que ele vos disser".

Terceiro. "Converteu a água em vinho, e manifestou a sua glória, e creram nele seus discípulos".

277 COMO CRISTO EXPULSOU DO TEMPLO OS QUE VENDIAM

João 2,13-25
[Jo 2,15a.15b.16]

Primeiro. Lançou fora do templo todos os que vendiam, com um açoite feito de cordas.³

Segundo. Derrubou as mesas e dinheiros dos banqueiros ricos que estavam no templo.

Terceiro. Aos pobres que vendiam pombas, mansamente disse: "Tirai estas coisas daqui e não queirais fazer da minha casa, casa de comércio".

278 O SERMÃO DA MONTANHA

Mateus 5,1-48
[Mt 5,3—6,8-10; Mt 5,16; Mt 5,17.21.27.33.34 — Lc 6,27]

Primeiro. Jesus fala à parte com seus amados discípulos das oito bem-aventuranças: "Bem-aventurados os pobres em espírito, os mansos, os misericordiosos, os que choram, os que têm fome e sede de justiça, os limpos de coração, os pacíficos e os que sofrem perseguições".

Segundo. Exorta-os a que usem bem de seus talentos: "Assim brilhe a vossa luz diante dos homens, para que vejam vossas boas obras e glorifiquem vosso Pai que está nos céus".

Terceiro. Cristo demonstra que não é transgressor da lei, mas cumpridor, declarando o preceito de não matar, não fornicar, não levantar falsos testemunhos e de amar os inimigos: "Eu vos digo que ameis a vossos inimigos e façais bem aos que vos odeiam".

COMO CRISTO NOSSO SENHOR FEZ ACALMAR A TEMPESTADE DO MAR

Mateus 8,23-27
[Mt 8,24.25-26a.26b-27]

Primeiro. Estando Cristo nosso Senhor dormindo no mar, levantou-se uma grande tempestade.

Segundo. Atemorizados, seus discípulos o despertaram, e ele os repreendeu pela pouca fé que tinham, dizendo-lhes: "Porque temeis, homens de pouca fé?".

Terceiro. Mandou que os ventos e o mar se acalmassem e, assim, o mar se fez tranquilo. Os homens se maravilharam, dizendo: "Quem é este a quem o vento e o mar obedecem?".

280 COMO CRISTO ANDAVA SOBRE AS ÁGUAS

Mateus 14,24-33
[Mt 14, 22-23.24-26.27-32]

Primeiro. Cristo nosso Senhor estava no monte e mandou que seus discípulos fossem para a barca. Quando eles partiram, começou a fazer oração sozinho.

Segundo. A barca era atingida pelas ondas, mas Jesus se dirigiu a ela, andando sobre a água, e os discípulos pensaram que fosse um fantasma.

Terceiro. Cristo lhes disse: "Sou eu, não temais". S. Pedro, por sua ordem, foi ter com ele, andando sobre as águas, mas porque duvidou, começou a afundar, porém Cristo nosso Senhor o salvou e repreendeu pela sua pouca fé. Depois, entrando na barca, o vento parou.

COMO OS APÓSTOLOS FORAM ENVIADOS A PREGAR

281

Mateus 10,1-15
[Mt 10,1.16.8c-9,7]

Primeiro. Chama Cristo a seus amados discípulos e dá-lhes poder de expulsar os demônios dos corpos humanos e curar todas as enfermidades.

Segundo. Ele lhes ensina a prudência e a paciência: "Olhai que vos envio como ovelhas para o meio de lobos; portanto, sede prudentes como serpentes e simples como pombas".

Terceiro. Ensina-lhes o modo como devem ir: "Não queirais possuir ouro nem prata; o que recebestes gratuitamente, dai-o gratuitamente". E deu-lhes a matéria da pregação: "Quando fordes, pregareis, dizendo: Já está próximo o reino dos céus".

282 A CONVERSÃO DE MADALENA

Lucas 7,36-50
[Lc 7,37-47.50]

Primeiro. Entra Madalena, trazendo um vaso de alabastro cheio de perfume, em casa do fariseu onde está Cristo Nosso Senhor, sentado à mesa.

Segundo. Estando atrás do Senhor, a seus pés, os começou a banhá-los com lágrimas, e com os cabelos os enxugava, e os beijava, e com perfume os ungia.

Terceiro. Como o fariseu acusasse Madalena, Cristo saiu em sua defesa, dizendo: "Muitos pecados lhe são perdoados, porque amou muito". E disse à mulher: "a tua fé te salvou, vai-te em paz".

283 COMO CRISTO NOSSO SENHOR DEU DE COMER A CINCO MIL HOMENS

Mateus 14,13-23
[Mt 14,15.18.19.20]

Primeiro. Os discípulos, como já se fizesse tarde, pedem a Cristo que despeça a multidão que com Ele estava.

Segundo. Cristo Nosso Senhor mandou que lhe trouxessem pães e ordenou que se sentassem à mesa. Ele abençoou e partiu, e deu a seus discípulos os pães, e os discípulos à multidão.

Terceiro. "Comeram e fartaram-se e sobraram doze cestos".

A TRANSFIGURAÇÃO DE CRISTO 284

Mateus 17,1-13
[Mt 17,1-3.4-9]

Primeiro. Cristo nosso Senhor na companhia de seus amados discípulos Pedro, Tiago e João transfigurou-se, e a sua face resplandecia como o sol, e suas vestes como a neve.

Segundo. Falava com Moisés e Elias.

Terceiro. Pedro ordenou que se fizessem três tendas, quando soou uma voz do céu que dizia: "Este é o meu filho muito amado, ouvi-o". Ao ouvirem essa voz, os discípulos, com medo, caíram com as faces em terra. Cristo tocou-os e disse-lhes: "Levantai-vos e não temais; a ninguém digais esta visão, até que o Filho do Homem ressuscite dos mortos".

285 A RESSURREIÇÃO DE LÁZARO

João 11,1-44

[Jo 11,3-4.25.35-41.42.43]

Primeiro. Marta e Maria relatam a Cristo a doença de Lázaro. Depois de saber, Jesus se deteve ainda dois dias, para que o milagre fosse mais evidente.

Segundo. Antes de ressuscitá-lo, pede a ambas que creiam, dizendo: "Eu sou a ressurreição e a vida. O que crê em mim, ainda que esteja morto, viverá".

Terceiro. Cristo ressuscitou Lázaro depois de ter chorado e feito oração. Ordenou: "Lázaro, vem para fora".

286 A CEIA EM BETÂNIA

Mateus 26

[Mt 26,6; Jo 12,1; Mt 26,7; Jo 12,4; Mt 26,8-10]

Primeiro. O Senhor ceia em casa de Simão, o leproso, juntamente com Lázaro.

Segundo. Maria derrama o perfume sobre a cabeça de Cristo.

Terceiro. Judas murmura, dizendo: "Para que este desperdício de perfume?". Porém, Jesus defende, outra vez, Madalena, dizendo: "Por que molestais esta mulher, por ela ter feito uma boa obra para comigo?".

DOMINGO DE RAMOS 287

Mateus 21,1-11
[Mt 21,2-3.7.8-9]

Primeiro. O Senhor manda buscar a jumenta e o jumentinho, dizendo: "Desatai-os e trazei-mos; e, se alguém vos disser alguma coisa, respondei que o Senhor precisa deles, e logo os deixará".

Segundo. Montou sobre a jumenta, coberta com as roupas dos apóstolos.

Terceiro. A multidão vai recebê-lo, estendendo sobre o caminho os suas vestes e ramos de árvores, dizendo: "Salva-nos, Filho de Davi! Bendito o que vem em nome do Senhor. Salva-nos no mais alto dos Céus!".

288 A PREGAÇÃO NO TEMPLO

Lucas 19
[*Vita Christi, Liturgia*, Mc 11,11b-19; Mt 21,17; Lc 19,47; 21,37]

Primeiro. Jesus estava todo dia ensinando no templo.

Segundo. Acabada a pregação, voltava a Betânia, porque não havia quem o recebesse em Jerusalém.

289 A ÚLTIMA CEIA

Mateus 26, João 13,1-17
[Mt 26,21; Mc 14,18; Jo 13,1-15; Jo 13,1b; Mt 26,26-28; Jo 13,27]

Primeiro. Comeu o cordeiro pascal com os seus doze apóstolos, aos quais predisse a sua morte: "Em verdade vos digo que um de vós me há-de vender".

Segundo. Lavou os pés dos discípulos, até os de Judas, começando por Pedro. Este, considerando a majestade do Senhor e a sua própria baixeza, não querendo consentir, dizia: "Senhor, tu lavas-me a mim os pés?". Mas Pedro não sabia que Jesus dava exemplo de humildade, e por isso disse: "Eu dei-vos o exemplo, para que façais como eu fiz".

Terceiro. Jesus instituiu o Santíssimo Sacramento da Eucaristia como sinal supremo do seu amor, dizendo: "Tomai e comei". Acabada a ceia, Judas sai para vender Cristo Nosso Senhor.

MISTÉRIOS DA CEIA AO HORTO, INCLUSIVE

290

Mateus 26 e Marcos 14
[Mt 26,30-36; Mc 14, 26-32; Mt 26,37-39b; Lc 22,44; Mt 26,38; Mc 14,34; Lc 22,44]

Primeiro. O Senhor, acabada a ceia e cantando o hino, foi para o monte das Oliveiras com seus discípulos, cheios de medo e, deixando os oito em Getsêmani, disse: "Sentai-vos aqui, enquanto eu vou ali orar".

Segundo. Acompanhado de Pedro, Tiago e João, orou três vezes ao Senhor, dizendo: "Pai, se for possível, afasta de mim esse cálice; contudo, não se faça a minha vontade, mas a tua". Estando em agonia, orava mais longamente.

Terceiro. Chegou a tanto temor, que dizia: "Triste está a minha alma até à morte". E suou sangue tão copiosamente que diz Lucas: "Seu suor era como gotas de sangue que corriam em terra", o que já pressupõe que suas vestes estavam cheias de sangue.

291 MISTÉRIOS DESDE O HORTO ATÉ A CASA DE ANÁS, INCLUSIVE

Mateus 26; Lucas 22; Marcos 15

[Mt 26,49-55; Mc 14,45-48,49; Jo 18,4-6; Jo 18,10-11a; Mt 26,52; Lc 22,51; Mt 26,56; Mc 14,50; Jo 18,13,17,22]

Primeiro. O Senhor se deixa beijar por Judas e ser preso como um ladrão. Aos que o prendiam, disse: "Saístes para prender-me como a um ladrão, com paus e armas, quando, cada dia, eu estava convosco no templo, ensinando, e não me prendestes". Perguntou: "A quem buscais?", e os inimigos caíram por terra.

Segundo. Pedro feriu um servo do Pontífice, mas Jesus, com mansidão, disse-lhe: "Mete a tua espada na bainha", e curou a ferida do servo.

Terceiro. Abandonado pelos discípulos, Jesus foi levado a Anás, onde Pedro, que o tinha seguido de longe, negou-o uma vez. Um homem deu uma bofetada em Cristo, dizendo-lhe: "É assim que respondes ao Pontífice?".

MISTÉRIOS DA CASA DE ANÁS ATÉ À CASA DE CAIFÁS, INCLUSIVE

292

[Jo 18,24.26-27; Lc 22,61-62; Lc 22,63-64; Mt 26,67.68; Mc 14,65; Lc 22,64-65]

Primeiro. Levam-no atado desde a casa de Anás até a casa de Caifás, onde Pedro o negou duas vezes, mas, ao ver que o Senhor tinha lançado seu olhar, saiu da casa e chorou amargamente.

Segundo. Jesus esteve amarrado toda aquela noite.

Terceiro. Além disso, os que o tinham prendido zombavam dele, batiam nele, cobriam-lhe o rosto, davam-lhe bofetadas e perguntavam-lhe: "Profetiza-nos quem é o que te bateu", e proferiam outras blasfêmias contra ele.

293 MISTÉRIOS DESDE A CASA DE CAIFÁS ATÉ À DE PILATOS, INCLUSIVE

Mateus 26; Lucas 23; Marcos 15

[Lc 23,1; Mt 27,2; Lc 23,2; Jo 18,38b; Lc 23,4; Jo 18,40]

Primeiro. Uma multidão dos Judeus leva Jesus a Pilatos e diante dele o acusa, dizendo: "Encontramos a este que deitava a perder o nosso povo e proibia pagar tributo a César".

Segundo. Depois de Pilatos tê-lo examinado, Pilatos disse: "Eu não acho culpa nenhuma neste homem".

Terceiro. À Cristo foi preferido Barrabás, um ladrão: "Gritaram todos dizendo: Não soltes a este, mas a Barrabás".

294 MISTÉRIOS DA CASA DE PILATOS ATÉ À DE HERODES

[Lc 23,7.8-10.11]

Primeiro. Pilatos enviou Jesus, galileu, a Herodes, tetrarca da Galileia.

Segundo. Herodes, curioso, interrogou-o longamente, e ele nada respondia, ainda que os escribas e os sacerdotes o acusassem constantemente.

Terceiro. Herodes com sua guarda desprezaram-no, vestindo-o com uma túnica branca.

MISTÉRIOS DESDE A CASA DE HERODES À DE PILATOS 295

Mateus 26; Lucas 23; Marcos 15; João 19
[Lc 23,11b-12; Jo 19,1-3; Jo 19,5-6a]

Primeiro. Herodes reenvia Jesus a Pilatos, e logo se tornaram amigos, pois antes eram inimigos.

Segundo. Pilatos mandou Jesus ser açoitado, e os soldados fizeram uma coroa de espinhos e a puseram sobre sua cabeça. Vestiram-no de púrpura, aproximavam-se dele e diziam: "Deus te salve, rei dos Judeus"; e davam-lhe bofetadas.

Terceiro. Trouxe-o para fora à presença de todos: "Saiu, pois, Jesus fora coroado de espinhos e vestido de púrpura. E disse-lhes Pilatos: "Eis aqui o homem". Logo que o viram, os Pontífices gritaram, dizendo: "Crucifica-O, crucifica-O!"".

296 MISTÉRIOS DESDE A CASA DE PILATOS ATÉ À CRUZ, INCLUSIVE

João 19
[Jo 19,13-16a; Mt 27,32; Mc 15,21; Lc 22,26; Lc 23,33b; Jo 19,18-19]

Primeiro. Pilatos, sentado como juiz, entregou-lhes Jesus, para que o crucificassem, depois de os Judeus o haverem negado por seu rei, dizendo "Não temos outro rei senão César".

Segundo. Cristo levava a cruz às costas, e não a podendo levar, obrigaram Simão Cirineu a carregá-la atrás de Jesus.

Terceiro. Crucificaram-no no meio de dois ladrões e puseram esta inscrição: "Jesus Nazareno, rei dos Judeus".

MISTÉRIOS PASSADOS NA CRUZ

João 19,23-27

[Lc 23,34-43; Jo 19,26-28; Mc 15,34; Mt 27,46; Jo 19,30; Lc 23,46; Mt 27,51-52; Mc 15,38; Lc 23,45; Mt 27,51-52; Mt 27,39-40; Mc 15,33-36; Jo 19,23-24; Mt 27,35; Jo 19,34]

Primeiro. Cristo disse sete palavras na cruz: Rogou pelos que o crucificavam, perdoou o ladrão, encomendou a S. João a sua Mãe, e à Mãe a S. João. Disse em voz alta: "Tenho sede", e deram-lhe fel e vinagre. Disse que estava desamparado: "Tudo está consumado". "Pai, em tuas encomendo o meu espírito".

Segundo. O sol ficou escurecido, as pedras quebradas, as sepulturas abertas, o véu do templo rasgado em duas partes de cima abaixo.

Terceiro. Blasfemavam contra ele, dizendo: "Tu, que destróis o templo de Deus, baixa da cruz"; suas vestes foram divididas. Ferido ao lado com a lança, verteu água e sangue.

298 MISTÉRIOS DESDE A CRUZ ATÉ AO SEPULCRO, INCLUSIVE

No mesmo capítulo
[Jo 19,38-39; Jo 19,40-42; Mt 27,65-66]

Primeiro. Foi tirado da cruz por José e Nicodemos, na presença de sua Mãe dolorosa.

Segundo. Seu corpo foi levado ao sepulcro, ungido e sepultado.

Terceiro. Foram colocados guardas.

299 A RESSURREIÇÃO DE CRISTO NOSSO SENHOR

Primeira aparição

Primeiro. Apareceu primeiro à Virgem Maria; o que, ainda que se não diga na Sagrada Escritura, subentende-se, ao dizer que apareceu a muitos outros, pois a Escritura supõe que temos entendimento, como está escrito: "Também vós estais sem entendimento?".

Segunda aparição

300

Mateus 16,1-11

[*Vita Christi*; Mc 16,1-3; Mc 16,4.6b; Mc 16,9; Jo 20,11-18]

Primeiro. Maria Madalena, Maria, mãe de Tiago e Salomé vão, de manhã cedo, ao túmulo, dizendo: "Quem nos levantará a pedra da porta do sepulcro?".

Segundo. Veem a pedra removida e um anjo lhes diz: "Buscais Jesus de Nazaré; já ressuscitou, não está aqui".

Terceiro. Apareceu à Maria, que ficou perto do sepulcro, depois de as outras terem ido embora.

Terceira aparição

301

Mateus 28

[*Vita Christi*; Mt 28,8; Mt 28,9; Mt 28,10]

Primeiro. As Marias saem do sepulcro, com temor e grande alegria, querendo anunciar aos discípulos a ressurreição do Senhor.

Segundo. Cristo Nosso Senhor apareceu-lhes no caminho, dizendo-lhes: "Deus vos salve". Elas se aproximaram, prostraram-se a seus pés e o adoraram.

Terceiro. Jesus disse-lhes: "Não temais, ide e dizei a meus irmãos que vão para a Galileia, porque ali me verão".

302 QUARTA APARIÇÃO
Lucas 24
[*Vita Christi*; Lc 24,9—12,34; Jo 20,1-10]

Primeiro. Pedro, tendo ouvido das mulheres que Cristo ressuscitara, foi depressa ao sepulcro.

Segundo. Entrando no sepulcro, viu só os panos com que fora coberto o corpo de Cristo e mais nada.

Terceiro. Enquanto Pedro pensava, apareceu-lhe Cristo, e por isso os apóstolos disseram: "Verdadeiramente o Senhor ressuscitou, e apareceu a Simão".

303 QUINTA APARIÇÃO
Lucas 24
[*Vita Christi*; Lc 24,13-24.25-26.29-33-35]

Primeiro. Aparece aos discípulos que iam para Emaús, falando de Cristo.

Segundo. Jesus os repreende, mostrando pelas Escrituras que Cristo tinha de morrer e ressuscitar: "Ó ignorantes e tardos de coração para crer tudo o que disseram os profetas! Não era necessário que Cristo padecesse e assim entrasse na sua glória?".

Terceiro. A pedido deles, ficou ali, até que, ao dar-lhes a comunhão, desapareceu. E eles, regressando, disseram aos discípulos que o reconheceram na comunhão.

Sexta aparição
João 20

304

[*Vita Christi*; cf. Lc 24,33ss; Jo 20,19.22-23]

Primeiro. Os discípulos estavam reunidos "por medo dos Judeus", menos Tomé.

Segundo. Apareceu-lhes Jesus, apesar de as portas estarem fechadas e, no meio deles, disse: "A paz esteja convosco".

Terceiro. Dá-lhes o Espírito Santo, dizendo-lhes: "Recebei o Espírito Santo; àqueles a quem perdoardes os pecados, ser-lhes-ão perdoados".

305   SÉTIMA APARIÇÃO
João 20,24-29
[*Vita Christi*; Jo 20,24-25.26-27.28-29]

Primeiro. Tomé, incrédulo, porque estava ausente na aparição anterior, disse: "Se não o vir, não acreditarei".

Segundo. Aparece-lhes Jesus, daí a oito dias, estando as portas fechadas, e diz a Tomé: "Mete aqui o teu dedo e vê a verdade, e não queiras ser incrédulo, mas fiel".

Terceiro. Tomé acreditou, dizendo: "Meu Senhor e meu Deus". Disse-lhe Cristo: "Bem-aventurados os que não viram e creram".

306   OITAVA APARIÇÃO
João 20
[*Vita Christi*; Jo 21,1-6.7.9-10.12-13.15-17]

Primeiro. Jesus aparece a sete dos seus discípulos que estavam pescando, os quais, por toda a noite, não tinham apanhado nada, e lançando a rede, por ordem de Jesus, "não podiam tirá-la, pela grande quantidade de peixes".

Segundo. Por esse milagre, João reconheceu Jesus, e disse a Pedro: "É o Senhor". Pedro lançou-se ao mar e foi encontrar-se com Cristo.

Terceiro. Deu-lhes a comer parte de um peixe assado e um favo de mel. Recomendou suas ovelhas a Pedro, examinando-o, primeiro, três vezes, sobre se realmente o amava, e disse-lhe: "apascenta as minhas ovelhas".

Nona Aparição
Mateus 28
[*Vita Christi*; Mt 28,16.17.18.19]

Primeiro. Os discípulos, por ordem do Senhor, vão ao monte Tabor.

Segundo. Cristo aparece-lhes e diz: "Foi-me dado todo o poder no céu e na terra".

Terceiro. Enviou-os por todo o mundo a pregar, dizendo: "Ide e ensinai todas as gentes, batizando-as em nome do Pai e do Filho e do Espírito Santo".

308   Décima aparição
1Coríntios 15,6
[1Co 15,6a]

"Depois foi visto por mais de quinhentos irmãos juntos".

309   Décima primeira aparição
1Coríntios 15,7
[1Cor 15,7a]

"Apareceu depois a São Tiago".

310   Décima segunda aparição
[*Vita Christi*]

"Apareceu a José de Arimateia, como piamente se medita e se lê na vida dos Santos".

Décima terceira aparição 311
1Coríntios 15,8

[1Cor 15,8; Credo; 1Co 15,7]

Apareceu a São Paulo, depois da Ascensão: "Finalmente apareceu-me a mim como a um aborto". Apareceu também em alma aos Santos Padres do Limbo e, depois de os ter tirado de lá, e tornado a tomar o seu corpo, apareceu, muitas vezes, aos discípulos e conversava com eles.

Ascensão de Cristo nosso Senhor 312
Atos 1,1-12

[*Vita Christi*; At 1,3-4; Lc 24,49; Lc 24,50; At 1,9.10.11]

Primeiro. Depois de ter aparecido a seus Apóstolos, durante quarenta dias, dando-lhes muitas provas e sinais e falando-lhes do Reino de Deus, mandou-lhes que esperassem em Jerusalém o Espírito Santo que lhe tinha prometido.

Segundo. Levou-os ao monte das Oliveiras e, na presença deles, elevou-se, e uma nuvem o fez desaparecer diante de seus olhos.

Terceiro. Estando eles a olhar para o céu, os anjos lhes disseram: "Homens da Galileia, porque estais a olhar para o céu? Este Jesus que, de vossos olhos é levado para o céu, virá do mesmo modo que o vistes ir ao céu".

ANOTAÇÕES

ANOTAÇÕES

ANOTAÇÕES

PARTE IV

REGRAS

REGRAS PARA VÁRIOS DISCERNIMENTOS

Regras para, de alguma maneira, sentir e conhecer as várias moções que se causam na alma: as boas para as aceitar e as más para as rejeitar, e são mais próprias para a Primeira Semana.

Primeira regra

Para as pessoas que vão de pecado mortal em pecado mortal, o inimigo costuma propor prazeres aparentes, fazendo-as imaginar deleites e prazeres sensuais, para mais as conservar e fazer crescerem seus vícios e pecados. Com essas pessoas, o bom espírito usa um modo contrário: procura ferir e remoer sua consciência pelo instinto da razão.

315   SEGUNDA REGRA

Nas pessoas que vão intensamente se purificando de seus pecados e subindo de bem em melhor no serviço de Deus nosso Senhor, o modo de agir é contrário ao da primeira regra. Porque então é próprio do mau espírito morder, entristecer e pôr impedimentos, inquietando-se com falsas razões, para que não vá para a frente. E é próprio do bom espírito dar ânimo e forças, consolações, lágrimas, inspirações e quietude, facilitando e tirando todos os impedimentos, para que siga em frente na prática do bem.

316   TERCEIRA REGRA

Consolação espiritual. Chamo consolação quando na alma se produz alguma moção interior, com a qual vem a alma a inflamar-se no amor de seu Criador e Senhor; e quando, consequentemente, nenhuma coisa criada sobre a face da terra pode amar em si mesma, a não ser no Criador de todas elas. E também quando derrama lágrimas que a movem ao amor do seu Senhor, quer seja pela dor se seus pecados ou da Paixão de Cristo nosso Senhor, quer por outras coisas diretamente ordenadas a seu serviço e louvor. Por fim, chamo consolação todo o aumento de esperança, fé e caridade, e toda a alegria interior que chama e atrai às coisas celestiais e à salvação de sua própria alma, aquietando-a e pacificando-a em seu Criador e Senhor.

Quarta regra

317

Desolação espiritual. Chamo desolação a todo o contrário da terceira regra, como obscuridade da alma, perturbação, inclinação a coisas baixas e terrenas, inquietação proveniente de várias agitações e tentações que levam à falta de fé, de esperança e de amor; deixando a alma preguiçosa, tíbia, triste, e como que separada de seu Criador e Senhor. Porque assim como a consolação é contrária à desolação, da mesma maneira os pensamentos que provêm da consolação são contrários aos pensamentos que provêm da desolação.

Quinta regra

318

Em tempo de desolação, nunca fazer mudança, mas estar firme e constante nos propósitos e na determinação em que estava no dia anterior a essa desolação, ou na determinação em que estava na consolação antecedente. Pois assim como na consolação o bom espírito nos guia e aconselha mais, na desolação o mau espírito nos guia e aconselha com orientações que não podemos tomar caminho para acertar.

319

Sexta regra

Uma vez que no tempo de desolação não devemos mudar as resoluções anteriores, é proveitoso reagir intensamente contra a mesma desolação, por exemplo, insistindo mais na oração, na meditação, em examinar-se muito e em alargar-nos nalgum modo conveniente de fazer penitência.

320

Sétima regra

O que está em desolação deve refletir como o Senhor, para colocá-lo à prova, deixou-o à mercê de suas potências naturais, para que resista às várias agitações e tentações do inimigo. Pois pode fazê-lo com o auxílio divino, que sempre está presente, ainda que o não sinta claramente. Entretanto, o Senhor lhe tirou muito de seu fervor, grande amor e graça intensa, deixando-lhe, contudo, graça suficiente para sua salvação.

321

Oitava regra

O que está em desolação deve trabalhar para se manter na paciência, que é contrária às aflições que lhe podem vir, e pense que será depressa consolado ao empregar as diligências contra essa desolação, como já mencionado na sexta regra.

Nona regra

322

Três são as causas principais da desolação: a primeira é por sermos tíbios, preguiçosos ou negligentes em nossos exercícios espirituais; e, assim, por nossas faltas, a consolação espiritual se afasta de nós. A segunda, para nos mostrar de quanto somos capazes e até onde nos alargamos no serviço e louvor, sem precisar tanto de consolações e grandes graças. A terceira, para nos dar verdadeira informação e conhecimento, para que sintamos internamente que não depende de nós fazer vir ou conservar grande devoção, amor intenso, lágrimas nem qualquer outra consolação espiritual, mas que tudo é dom e graça de Deus nosso Senhor. E para que não façamos ninho em propriedade alheia, elevando o nosso entendimento a alguma soberba ou vaidade, atribuindo a nós a devoção ou outras formas de consolação espiritual.

Décima regra

323

O que está em consolação deve pensar como se comportará na desolação que depois virá, e, portanto, deve tomar novas forças para tal.

324   DÉCIMA PRIMEIRA REGRA

O que está consolado deve procurar humilhar-se e abater-se o quanto puder, pensando quão pouco é capaz, no tempo da desolação, sem essa graça ou consolação. Pelo contrário, quem está desolado, pense que pode muito com a graça suficiente para resistir a todos os seus inimigos, e tome forças no seu Criador e Senhor.

325   DÉCIMA SEGUNDA REGRA

O inimigo procede como uma mulher, sendo fraco quando lhe resistimos e forte no caso contrário, pois é próprio da mulher, quando disputa com algum homem, perder a coragem e fugir diante da resistência. Ao contrário, se o homem começa a temer e recuar, crescem nela sem medida a cólera, a vingança e a ferocidade. Do mesmo modo, é próprio do inimigo perder o ânimo, enfraquecer-se, retirando as tentações, quando a pessoa que pratica os exercícios enfrenta sem medo suas tentações, fazendo o oposto.

326   DÉCIMA TERCEIRA REGRA

Porta-se também como um amante sedutor, querendo ficar em segredo e não ser descoberto. Pois assim como um sedutor que, falando com má intenção, solicita a filha de um bom pai ou a mulher de um bom marido, ele quer que as suas palavras e insinuações permaneçam secretas. Muito lhe desagrada, pelo contrário, quando a filha relata ao pai, ou a mulher ao marido, suas palavras frívolas e sua intenção depravada, porque facilmente deduz que não poderá consumar suas intenções. Da mesma maneira, quando o inimigo da natureza humana vem com as suas astúcias e sugestões à alma justa, quer e deseja que sejam recebidas e tidas em segredo. Entretanto, pesa-lhe muito quando a alma as declara ao seu bom confessor ou a outra pessoa espiritual que conheça seus enganos e suas maldades, porque conclui que não poderá levar a cabo a maldade iniciada ao serem descobertos seus evidentes enganos.

Décima quarta regra

327

Comporta-se também como um chefe militar para vencer e roubar o que deseja, porque, assim como um capitão e chefe de um exército em campanha, depois de assentar arraiais e examinar as forças ou a disposição de um castelo, o combate pela parte mais fraca. Da mesma maneira, o inimigo da natureza humana, fazendo a sua ronda, examina todas as nossas virtudes teologais, cardiais e morais, e, por onde nos acha mais fracos e mais necessitados para a nossa salvação eterna, por aí nos ataca e procura nos tomar.

328 REGRAS PARA A MESMA FINALIDADE, COM MAIOR DISCERNIMENTO DE ESPÍRITOS

São mais convenientes para a Segunda Semana.

329   **Primeira regra**

É próprio de Deus e de seus anjos, em suas moções, dar verdadeira alegria e gozo espiritual, tirando toda a tristeza e perturbação que o inimigo suscita. Deste é próprio lutar contra a alegria e consolação espiritual, apresentando razões aparentes, sutilezas e contínuas falácias.

330   **Segunda regra**

Somente Deus nosso Senhor pode dar consolação à alma sem causa precedente. Porque é próprio do Criador entrar, sair, produzir moção na alma, trazendo-a toda ao amor de sua divina majestade. Digo: sem causa, isto é, sem nenhum prévio sentimento ou conhecimento de algum objeto pelo qual venha essa consolação, mediante seus atos de entendimento e vontade.

331   **Terceira regra**

Com causa, podem consolar a alma tanto o anjo bom como o mau, mas para fins contrários: o bom anjo para proveito da alma, a fim de que cresça e suba de bem a melhor. O mau anjo, ao contrário, e para depois trazê-la à sua perversa intenção e maldade.

Quarta regra

332

É próprio do anjo mau, que se disfarça em anjo de luz, entrar com o que se acomoda à alma devota e sair com o que lhe convém a si, isto é, trazer pensamentos bons e santos, acomodados a essa alma justa, e, depois, pouco a pouco, atingir seus objetivos, trazendo a alma aos seus enganos secretos e perversas intenções.

Quinta regra

333

Devemos estar muito atentos ao curso dos pensamentos. Se o princípio, meio e fim são inteiramente bons, inclinados ao bem, é sinal do bom anjo. Mas se o curso dos pensamentos acaba em alguma coisa má, ou que distrai, ou menos boa que aquela que a alma antes propusera fazer, ou a enfraquece, ou inquieta, ou perturba, tirando-lhe a paz, a tranquilidade e a quietude que antes tinha, é um sinal claro que vem do mau espírito, inimigo do nosso proveito e salvação eterna.

334

Sexta regra

Quando o inimigo da natureza humana for sentido e conhecido pela sua cauda de serpente e pelo mau fim a que induz, é bom que a pessoa tentada verifique logo o curso dos pensamentos que ele lhe trouxe, bem como seu princípio e como, pouco a pouco, procurou fazê-la descer da suavidade e do gozo espiritual em que estava, até trazê-la à sua intenção depravada. Tal experiência, conhecida e notada, deve ser lembrada no futuro, para evitar seus habituais enganos.

335

Sétima regra

Naqueles que progridem de bem em melhor, o bom anjo lhes toca a alma doce, leve e suavemente, como gota de água que penetra numa esponja. O mau anjo toca agudamente, com ruído e agitação, como quando a gota de água cai sobre a pedra. Aos que vão de mal a pior, os mesmos espíritos os tocam de modo oposto. A causa dessa diversidade está na disposição da alma de ser contrária ou semelhante à dos ditos anjos. Porque, quando é contrária, entram com ruído e comoção, de maneira perceptível, e quando é semelhante, entram silenciosamente, como em casa própria, de porta aberta.

Oitava regra

336

Quando a consolação é sem causa, embora não haja engano nela, por vir só de Deus nosso Senhor, como dissemos [330], contudo, a pessoa espiritual, a quem Deus dá essa consolação, deve observar e distinguir, com muita vigilância e atenção, o tempo propriamente dito dessa consolação do tempo seguinte, em que a pessoa fica ardente e favorecida com o favor e os restos da consolação passada. Porque, muitas vezes, neste segundo tempo, por seu próprio raciocínio feito de relações e deduções de conceitos e juízos, ou pelo bom espírito ou pelo mau, ela toma diversas resoluções e emite opiniões que não são dadas imediatamente por Deus Nosso Senhor. Portanto, é necessário examiná-las muito bem antes de lhes dar pleno crédito e de serem colocadas em prática.

REGRAS NO MINISTÉRIO DE DISTRIBUIR ESMOLAS

337

Primeira regra

338

Se distribuo esmolas a parentes, amigos ou a pessoas de que gosto, deverei observar quatro coisas já mencionadas na matéria de eleição [184-187]. A primeira é que o amor que me move e me faz dar a esmola desça do alto, do amor de Deus nosso Senhor, de forma que eu sinta primeiro em mim que o amor maior ou menor que tenho a essas pessoas é por Deus, e que na causa desse amor Deus transpareça.

339   SEGUNDA REGRA

Imagino um homem que nunca vi nem conheci e desejo-lhe toda a perfeição em sua missão e em no estado que tem. Faço aquilo que eu desejaria que ele fizesse na sua maneira de distribuir esmolas. Agindo assim, nem mais nem menos, guardarei a mesma regra e a medida que desejaria que ele seguisse e que julgo ser a melhor para a maior glória de Deus Nosso Senhor e maior perfeição de sua alma [185].

340   TERCEIRA REGRA

Vou examinar, como se estivesse no momento da morte, a maneira de proceder e a medida que quereria ter seguido no exercício da minha administração aqui na terra. Regulando-me por ela, vou segui-la nos atos da minha distribuição [186].

341   QUARTA REGRA

Considerando como me encontrarei no dia de Juízo, pensar bem como eu quereria ter usado esse ofício e cargo de distribuir esmolas. A regra que então desejaria ter seguido, vou segui-la agora [187].

Quinta regra
342

Quando alguém se sente inclinado ou afeiçoado a algumas pessoas às quais quer distribuir esmolas, deve refletir bem sobre as quatro regras precedentes [184-187], examinando e verificando, à luz delas, a sua afeição. Não se deve dar a esmola até que, conforme a essas regras, esteja totalmente afastada sua afeição desordenada.

Sexta regra
343

Mesmo que não haja culpa em aceitar os bens de Deus Nosso Senhor para os distribuir, quando a pessoa é chamada por nosso Deus e Senhor para esse ministério, deve prestar atenção, contudo, no cálculo e na quantidade do que aplicar a si mesmo e do que tem para dar a outros, o que pode gerar dúvida de culpa e excesso. Por isso, pode reformar-se no que se refere à sua vida e ao seu estado pelas regras anteriormente mencionadas.

Sétima regra
344

Pelas razões já expostas e por muitas outras, é sempre melhor e mais seguro reduzir ao máximo os gastos pessoais e domésticos, e conformar-se quanto puder com o nosso modelo e sua regra, que é Cristo Nosso Senhor. Segundo essa regra, o terceiro Concílio Cartaginês, no qual esteve Santo Agostinho, determina que a mobília do bispo seja comum e pobre. A mesma consideração se deve fazer, em todos os estados de vida, guardando as proporções e tendo em conta a condição, o nível social e o estado das pessoas. Assim, no estado matrimonial, temos o exemplo de São Joaquim e Santa Ana, que dividiam os seus bens em três partes: a primeira davam aos pobres, a segunda ao ministério e ao serviço do templo, e tomavam a terceira para sustento de si mesmos e de sua família.

345 AS NOTAS A SEGUIR AJUDAM A DISCERNIR E COMPREENDER OS ESCRÚPULOS E AS INSINUAÇÕES DO NOSSO INIMIGO

346 Primeira nota

Chama-se vulgarmente escrúpulo o que provém do nosso próprio juízo e de nossa própria liberdade, a saber: quando eu livremente imagino que é pecado aquilo que não é pecado. Assim, por exemplo, acontece que alguém, depois de ter pisado casualmente uma cruz de palha, imagina, por seu próprio juízo, que pecou; isso é propriamente um juízo errôneo e não verdadeiramente um escrúpulo.

Segunda nota

347

Depois de ter pisado aquela cruz ou depois de ter pensado, dito ou feito qualquer outra coisa, vem-me de fora um pensamento de que pequei e, por outro lado, parece-me a mim que não pequei. Contudo, sinto nisso perturbação, pois, enquanto por um lado duvido, por outro não duvido. Isto é que é propriamente escrúpulo e tentação do inimigo. [32,351]

Terceira nota

348

O primeiro escrúpulo mencionado, o da primeira nota, deve muito aborrecer-se, porque é um verdadeiro erro; mas o segundo, o da segunda nota, durante algum tempo não é de pouco proveito para a pessoa que pratica exercícios espirituais. Pelo contrário, em grande maneira, ela purifica e limpa sua alma, separando-a muito de toda a aparência de pecado, conforme a palavra de S. Gregório: "É próprio das almas boas ver falta onde não há nenhuma".

Quarta nota

349

O inimigo observa muito se a alma é grosseira ou delicada. Se é delicada, procura torná-la ainda mais delicada, até ao extremo, para mais perturbá-la e arruiná-la. Por exemplo, se vê que uma alma não consente em pecado mortal nem venial, nem sequer em aparência de pecado deliberado. Nesse caso, o inimigo, quando percebe que não pode fazê-la cair em coisa que pareça pecado, procura fazê-la imaginar pecado onde ele não existe, por exemplo, em uma palavra ou em um pensamento sem importância. Se a alma é grosseira, o inimigo procura engrossá-la mais: se antes não fazia caso dos pecados veniais, procurará que faça pouco dos mortais, e se algum caso fazia antes, procurará que muito menos ou nenhum faça agora.

350

Quinta nota

A alma que deseja progredir na vida espiritual deve sempre proceder de maneira contrária à do inimigo [319, 351], a saber: se o inimigo quer relaxar a consciência, a alma deve procurar tornar-se mais delicada. Também se o inimigo procura afiná-la, para a levar ao excesso, a alma deve consolidar-se no meio-termo, para se tranquilizar totalmente.

351

Sexta nota

Quando essa boa alma quer dizer ou fazer alguma coisa em conformidade com a Igreja e com as tradições dos nossos superiores, que seja para glória de Deus Nosso Senhor, lhe vem um pensamento ou uma tentação para não dizer nem fazer essa coisa, trazendo-lhe razões aparentes de vaidade ou de outra coisa, então deve elevar o pensamento ao seu Criador e Senhor. Se observar que essa palavra ou ação é para seu devido serviço, ou ao menos não lhe é contrária, deve agir de maneira diametralmente oposta a essa tentação. E como São Bernardo responder ao inimigo: "nem o comecei por ti, nem por ti o acabarei".

PARA O VERDADEIRO SENTIDO QUE DEVEMOS TER NA IGREJA MILITANTE, SIGAM-SE ESTAS REGRAS

352

353

Primeira regra

Deposto todo o juízo próprio, devemos ter o espírito preparado e pronto para obedecer em tudo à verdadeira Esposa de Cristo, nosso Senhor, que é a nossa santa Mãe, a Igreja hierárquica [170].

354

Segunda regra

Louvar a confissão ao sacerdote e a recepção do Santíssimo Sacramento da Comunhão, uma vez no ano, e muito mais, em cada mês, e muito melhor, de oito em oito dias, com as condições requeridas e devidas [18].

355 TERCEIRA REGRA

Louvar a assistência frequente à missa e, também, os cantos, os salmos e as longas orações, na igreja e fora dela, assim como a determinação de horas destinadas para todo o ofício divino e para toda a oração e todas as horas canônicas.

356 QUARTA REGRA

Louvar muito a vida religiosa, a virgindade e a continência, e não louvar tanto o matrimônio como nenhuma destas. [14,15].

357 QUINTA REGRA

Louvar os votos religiosos, de obediência, pobreza e castidade, e outros votos de perfeição voluntária. É de notar que, como os votos se fazem sobre coisas que se aproximam mais da perfeição evangélica, não se devem fazer de coisas que nos afastam dessa perfeição, como de ser comerciante ou de casar-se, dentre outros.

358 SEXTA REGRA

Louvar as relíquias dos Santos, venerando-as e rezando a eles. Louvar estações, peregrinações, indulgências, jubileus, bulas da cruzada e velas acesas nas igrejas.

Sétima regra

359

Louvar as leis sobre jejuns e abstinências, como as da quaresma, das quatro têmporas, vigílias, sexta e sábado, bem como as penitências, não somente interiores, mas também exteriores [82].

Oitava regra

360

Louvar os ornamentos e os edifícios das igrejas, e também as imagens, e venerá-las pelo que representam.

Nona regra

361

Louvar finalmente todos os preceitos da Igreja, tendo prontidão de espírito para buscar razões para os defender e, de modo nenhum, para os criticar.

Décima regra

362

Devemos estar mais prontos para aprovar e louvar tanto as diretrizes e as recomendações quanto o comportamento dos nossos Superiores do que para os criticar, porque mesmo que a conduta de alguns não seja como deveria ser, falar contra ela em pregações públicas ou em conversas, na presença de simples fiéis, originaria mais críticas e escândalo do que proveito. Assim, o povo viria a irritar-se contra os seus superiores, quer temporais, quer espirituais. Entretanto, assim como é prejudicial falar mal dos

Superiores, em sua ausência, diante do povo humilde, pode ser proveitoso falar da sua má conduta às pessoas que lhes podem dar remédio [41].

363   **DÉCIMA PRIMEIRA REGRA**
Louvar a teologia positiva e a escolástica, porque assim como é mais próprio dos doutores positivos — tais como São Jerônimo, Santo Agostinho e São Gregório — mover os afetos para em tudo amar e servir a Deus Nosso Senhor, assim é mais próprio dos escolásticos — tais como São Tomás, São Boaventura e o Mestre das Sentenças — definir ou explicar para os nossos tempos [369] as coisas necessárias à salvação eterna, e também refutar e explicar mais todos os erros e todos os sofismas. Porque os doutores escolásticos, como são mais modernos, não só se aproveitam da exata inteligência da Sagrada Escritura e dos Santos Doutores positivos, mas ainda, iluminados e esclarecidos pela graça divina, recorrem também aos concílios, aos cânones e às constituições da nossa Santa Mãe Igreja.

364   **DÉCIMA SEGUNDA REGRA**
Devemos evitar fazer comparações entre os vivos e os santos que estão no céu, porque não pouco nos enganamos

neste ponto quando dizemos, por exemplo: "Este sabe mais que Santo Agostinho, é outro ou mais que São Francisco, é outro São Paulo, em bondade, em santidade etc" [2].

Décima terceira regra 365

Para em tudo acertar, devemos estar sempre dispostos a que o branco, que eu vejo, acreditar que é negro, se a Igreja hierárquica assim o determina. Porque creio que entre Cristo nosso Senhor, o esposo, e a Igreja, sua esposa, há um mesmo Espírito que nos governa e dirige para a salvação das nossas almas. É pelo mesmo Espírito e Senhor, que nos deu os dez mandamentos, que é dirigida e governada a nossa Santa Mãe Igreja.

Décima quarta regra 366

Embora seja verdade que ninguém se pode salvar sem ser predestinado e sem ter a fé e a graça, contudo, deve-se ter muito cuidado no modo de falar e de se expressar sobre todas essas coisas.

Décima quinta regra 367

Habitualmente, não devemos falar muito de predestinação, mas se, de alguma maneira e algumas vezes, se falar, faça-se de maneira que o povo simples não venha a cair em erro, como acontece, algumas vezes, ao dizer: "se tenho de me salvar ou condenar, já está determinado, e não é por eu fazer bem ou mal que pode acontecer outra coisa". Assim relaxam-se e descuidam as obras que conduzem à salvação e ao proveito espiritual de suas almas.

368 ### Décima sexta regra
Da mesma forma, devemos ter cuidado ao falar muito da fé e com muita insistência, sem nenhuma distinção e explicação, não podemos dar ao povo ocasião de ser desleixado e preguiçoso nas obras, quer antes da fé ser informada pela caridade, quer depois.

369 ### Décima sétima regra
Também não devemos falar tão abundantemente nem com tanta insistência da graça, de modo que se gere o veneno de negar a liberdade. De maneira que da fé e da graça pode falar-se, quanto seja possível, com ajuda da graça divina, para maior louvor de sua divina majestade, mas não de tal forma, sobretudo nos nossos tempos tão perigosos, que as obras e o livre-arbítrio sofram algum prejuízo ou sejam tidos por coisa de nenhuma importância.

370 ### Décima oitava regra
Embora devamos estimar sobretudo o serviço intenso de Deus Nosso Senhor, por puro amor, devemos, contudo,

louvar muito o temor de sua divina Majestade [65]. Porque não somente o temor filial é coisa piedosa e santíssima, mas mesmo o temor servil, quando outra coisa melhor e mais útil não se pode conseguir, ajuda muito a sair do pecado mortal. E, uma vez que se sai dele, facilmente se chega ao temor filial, que é totalmente aceito e agradável a Deus Nosso Senhor, por ser inseparável do amor divino.

FIM

ANOTAÇÕES

ANOTAÇÕES

ANOTAÇÕES

ANOTAÇÕES

APÊNDICES

APÊNDICE 1
ORAÇÕES

PAI-NOSSO / *PATER NOSTER*

Pai Nosso que estais nos Céus, santificado seja o vosso Nome, venha a nós o vosso Reino, seja feita a vossa vontade assim na terra como no Céu. O pão nosso de cada dia nos dai hoje, perdoai-nos as nossas ofensas, assim como nós perdoamos a quem nos tem ofendido, e não nos deixeis cair em tentação, mas livrai-nos do Mal. Amém.

Pater Noster, qui es in caelis Sanctificétur nomen tuum, Advéniat regnum tuum, Fiat voluntas tua, sicut in caelo, et in terra. Panem nostrum quotidiánum da nobis hódie, et dimítte nobis débita nostra, sicut et nos dimíttimus debitóribus nostris. Et ne nos indúcas in tentatiónem. Sed líbera nos a malo. Amen.

AVE-MARIA

Ave, Maria, cheia de graça,
o Senhor é convosco,
bendita sois vós entre as mulheres
e bendito é o fruto do vosso ventre, Jesus.
Santa Maria, Mãe de Deus,
rogai por nós pecadores,
agora e na hora da nossa morte. Amém.

Ave Maria, gratia plena Dominus tecum Benedicta tu in mulieribus Et benedictus fructus ventris tui, Iesus. Sancta Maria, Mater Dei, Ora pro nobis peccatoribus Nunc et in hora mortis nostrae Amen.

CREDO

Creio em Deus-Pai, Todo-Poderoso, criador do céu e da terra, e em Jesus Cristo, seu único filho, Nosso Senhor, que foi concebido pelo poder do Espírito Santo, nasceu da Virgem Maria. Padeceu sob Pôncio Pilatos. Foi crucificado, morto e sepultado. Desceu à mansão dos mortos. Ressuscitou ao terceiro dia, subiu aos Céus, está sentado à direita de Deus Pai, todo poderoso, de onde há de vir a julgar os vivos e os mortos. Creio no Espírito Santo, na Santa Igreja Católica, na comunhão dos Santos.

Na remissão dos pecados. Na ressurreição da carne. Na vida eterna. Amém.

Credo in Deum Patrem omnipotentem, Creatorem caeli et terrae, et in Iesum Christum, Filium Eius unicum, Dominum nostrum, qui conceptus est de Spiritu Sancto, natus ex Maria Virgine, passus sub Pontio Pilato, crucifixus, mortuus, et sepultus, descendit ad ínferos, tertia die resurrexit a mortuis, ascendit ad caelos, sedet ad dexteram Dei Patris omnipotentis, inde venturus est iudicare vivos et mortuos. Credo in Spiritum Sanctum, sanctam Ecclesiam catholicam, sanctorum communionem, remissionem peccatorum, carnis resurrectionem,vitam aeternam. Amen.

ALMA DE CRISTO / *ANIMA CHRISTI*

Alma de Cristo, santificai-me.

Corpo de Cristo, salvai-me.

Sangue de Cristo, inebriai-me.

Água do lado de Cristo, lavai-me.

Paixão de Cristo, confortai-me.

Ó bom Jesus, ouvi-me.

Dentro de Vossas chagas, escondei-me.

Não permitais que me separe de Vós.

Do espírito maligno, defendei-me.

Na hora da minha morte, chamai-me
e mandai-me ir para Vós,
para que com os vossos Santos Vos louve
por todos os séculos dos séculos.
Amém.

Anima Christi, sanctifica me.
Corpus Christi, salva me.
Sanguis Christi, inebria me.
Aqua lateris Christi, lava me.
Passio Christi, conforta me.
O bone Jesu, exaudi me.
Intra tua vulnera absconde me.
Ne permittas me separari a te.
Ab hoste maligno defende me.
In hora mortis meae voca me.
Et iube me venire ad te,
Ut cum Sanctis tuis laudem te.
In saecula saeculorum.
Amen.

SALVE-RAINHA / *SALVE REGINA*

Salve, Rainha, Mãe de misericórdia, vida, doçura e esperança nossa, salve! A vós bradamos, os degredados filhos de Eva; a vós suspiramos, gemendo e chorando neste vale de lágrimas. Eia, pois advogada nossa, esses vossos olhos misericordiosos a nós volvei; e depois deste desterro nos mostrai Jesus, bendito fruto do vosso ventre, ó clemente, ó piedosa, ó doce sempre Virgem Maria.

Salve, Regina, Mater misericordiae, vita, dulcédo et spes nostra, salve. Ad te clamamus, éxsules filii Evae. Ad te suspirámus geméntes et flentes in hac lacrimárum valle. Eia ergo, advocáta nostra, illos tuos misericórdes óculos ad nos convérte. Et Jesum benedíctum fructum Ventris tui, nobis, post hoc exsílium, osténde. O clemens, o pia, o dulcis Virgo María!

ANOTAÇÕES

ANOTAÇÕES

APÊNDICE 2
MANDAMENTOS, PECADOS E VIRTUDES

OS DEZ MANDAMENTOS DA LEI DE DEUS

1º – Adorar a Deus e amá-lo sobre todas as coisas.
2º – Não usar o santo nome de Deus em vão.
3º – Guardar domingos e festas.
4º – Honrar pai e mãe.
5º – Não matar.
6º – Não pecar contra a castidade.
7º – Não furtar.
8º – Não levantar falso testemunho.
9º – Não desejar a mulher do próximo.

OS CINCO MANDAMENTOS DA IGREJA

1º – Ouvir Missa inteira nos domingos e festas de guarda.
2º – Confessar-se ao menos uma vez cada ano.
3º – Comungar pela Páscoa da Ressurreição.
4º – Jejuar e abster-se de carne, quando manda a santa Mãe Igreja.
5º - Pagar o dízimo, conforme o costume.

OS SETE PECADOS E AS SETE VIRTUDES OPOSTAS

1º – Orgulho – Humildade
2º – Inveja – Caridade para com o próximo
3º – Ira – Mansidão
4º – Avareza – Generosidade
5º – Luxúria – Castidade
6º – Gula – Temperança
7º – Preguiça – Zelo

VIRTUDES TEOLOGAIS

Fé.
Esperança.
Caridade.

VIRTUDES CARDEAIS

Prudência.
Justiça.
Fortaleza.
Temperança.

ANOTAÇÕES

ANOTAÇÕES

APÊNDICE 3

OBRAS DE MISERICÓRDIA, DONS DO ESPÍRITO SANTO E FACULDADES DA ALMA

OBRAS DA MISERICÓRDIA

ESPIRITUAIS

Dar bom conselho.

Ensinar os ignorantes.

Corrigir os que erram.

Consolar os aflitos.

Perdoar as injúrias.

Sofrer com paciência as fraquezas do próximo.

Rogar a Deus pelos vivos e defuntos.

CORPORAIS

Dar de comer a quem tem fome.

Dar de beber a quem tem sede.

Vestir os nus.

Dar pousada aos peregrinos.

Visitar os encarcerados.

Remir os cativos.

Enterrar os mortos.

FACULDADES DA ALMA

Memória.
Inteligência.
Vontade.

DONS DO ESPÍRITO SANTO

Sabedoria.
Entendimento.
Fortaleza.
Conselho.
Ciência.
Piedade (Humildade).
Temor.

ANOTAÇÕES

ANOTAÇÕES

Este livro foi composto por Maquinaria Editorial nas famílias tipográficas Bluu Next e FreightText Pro. Capa em papel Couché Fosco 150g/m² e miolo em papel Offwhite Paper Plus LD 65g/m². Reimpresso pela gráfica Plena Print em abril de 2024.